JN493109

외국문학 구공육 2012

외국문학구공육 2012

초판인쇄 2012년 11월 5일
초판발행 2012년 11월 15일
저 자 외국문학연구소
편 집 인 전기순 임대근 김재선
발 행 인 박 철
발 행 처 한국외국어대학교 출판부
130-791 서울특별시 동대문구 이문로 107
전화 02)2173-2495~7 팩스 02)2173-3363
http://press.hufs.ac.kr press@hufs.ac.kr

출판등록 제6-6호(1969. 4. 30)
인쇄•제본 SM C&P 02)468-6100
디 자 인 송진아

ISBN 978-89-7464-772-8 03800 정가 10,000원

* 잘못된 책은 교환하여 드립니다.

불법복사는 지적재산을 훔치는 범죄행위입니다.
저작권법 제136조(권리의 침해죄)에 따라 위반자는 5년 이하의 징역 또는
5천만 원 이하의 벌금에 처하거나 이를 병과할 수 있습니다.

HUEBOOKS

"HUEBOOKS는 한국외국어대학교출판부의 인문학도서 Sub Brand이다.
한국외대의 영문명인 HUFS, 사람을 위하는 Humanism, 교육의 Education, 색조의
Hue의 다의적인 뜻으로 해석할 수 있으며, 인문학도서 출판에 대한 의지가 담겨있다"

외국문학
구공육 2012

외국문학연구소

HUEBOOKs

독자 여러분에게,

외국문학연구소는 국내 외국문학 전공자들이 모여 연구결과를 발표하고, 작가와 이론가들을 초빙해서 토론의 장을 만드는 연구 공간입니다. 그 일련의 과정에서 한 가지 빠진 것이 있었다면, 국내에서 출판되는 외국문학의 흐름을 소개하고 해부하는 실천적인 행동이었습니다.

이 책은 그런 반성의 결과물이며 일반 독자와 비평가, 전문 작가 모두에게 현실적인 도움을 주고자 했습니다. 무엇보다 현재 독자들은 어떤 외국문학을 선호하는지가 궁금했고, 그리하여 우선 베스트셀러를 중심으로 하는 기획을 생각하게된 것입니다.

시와 소설을 대상으로 독자들에게 큰 호응을 받았던 10개 작품을 선정하고, 서로 다른 명분을 가진 3개 작품을 추가했습니다. 쉽게 예상할 수 있듯이 베스트셀러에는 시가 없었기에, 베스트셀러 시집 한 편을, 아프리카나 중동 등 주목받지 못한 지역의 문학을 대표하여 아랍 소설 한 편을, 거기다 한국문학의 베스트셀러는 무엇일까라는 궁금증 때문에 한국 소설 한 편을 추가했습니다.

이런 기획을 설득력 있게 성취하려면, 다수의 독자들과 문학전문가들에게 설문을 돌려 대중적 반응과 전문비평의 시각을 조화시키는 것일 겁니다. 그럼에도 불구하고 '가장 많이 팔린' 이라는 약간은 물리적이고 계량적인 기준을 적용한 것은 설문 과정의 복잡함을 감당하기가 쉽지 않았고, 현재 한국 독자들이 주로 무엇을 읽는지를 알고 싶은 마음이 컸기 때문입니다.

그렇게 선정된 13개 작품의 서평을 다양한 전문가에게 의뢰했으며, 독자의 입장에서 서평이 친숙해지기를 바라는 마음으로, 언어별 상응이나 전공을 배제하고 자의적으로 작품과 필자를 이어주었습니다. 예를 들면, 스페인 문학 전공자가 독일 소설을 해설한다든지, 국문학 전공자가 일본 시를 해설한다든지 하는 것입니다. 예외적으로, 『1Q84』는 그간의 하루키 소설과 한국 독자들 간의 길고 긴 관계 속에서 논의가 되어야 한다고 판단해서 하루키 문학 전공자에게 글을 부탁했습니다. 필자들은 문학전공자가 다수를 차지하면서도 정신분석학을 전공한 정신과 의사와 일간지 기자도 동참했습니다. 특별히 『위대한 결정』은 한국문학을 전공한 미국 학자의 글입니다.

이 작업을 마치며 우리에게 남겨진 두 가지 인상이 있습니다. 하나는 소설과 영화, TV드라마(한국형 미니시리즈와 미드), 게임이 서로 다른 매체임에도 불구하고 유사한 스토리와 정서를 공유하고 있으며, 그것은 근본적으로 게임의 감각이라는 것입니다. "대중은 게임을 좋아한다"는 것이죠. 삶의 반영과 사유는 서스펜스와 미스터리를 위해 '두서없이' 사용될 뿐 아니라 불필요한 오브제이며 플롯을 위해 복종을 강요당한 느낌을 받았습니다.

다른 하나는 "따뜻한" 작품이라는 것입니다. (여기에는 이 책의 유일한 시집도 포함됩니다) 분주하고 경쟁적이며 개개인이 단절된 이 시대 삶의 풍토에서 이런 작품은 독자로 하여금 스스로에게 연민을 가지고 따뜻한 위로를 건네도록, 더 나아가 막연한 자기계발의 길을 가도록 유도하고 있습니다. 그러나 보다 깊은 이해나 사색으로 이어지지는 않는다는 점에서 아쉬움을 남기기도 합니다.

이제 『외국문학906』을 펴내며 조그만 소망을 가져봅니다. 그 소망은 우리가 늘 906호 연구소에 앉아 함께 나누던 것입니다. 한국문학과 외국문학의 대화를 통해 우리에게 도착해 있는 외국문학을 거울삼아 한국문학을 살펴보고, 외국문학끼리도 서로 맞부딪치게 해서 무언가 낯설지만 흥미로운 이야기를 풀어보며, 전문가의 견해와 독자의 취향을 서로 만나게 하는 것입니다. 이런 작업을 거듭하다 보면 외국문학이 더 이상 한국문학 밖에 존재하는 것이 아니라, 우리 안의 외국문학으로 성큼 다가와 있지 않을까요? 여러분의 사랑과 응원을 바랍니다.

2012.10.

한국외국어대학교 외국문학연구소장

전 기 순

외국문학 구공육 2012

목차

2011-2012 베스트셀러 10

백설 공주에게 죽음을

서스펜스와 미스터리를 즐길 수만 있다면

●

전 기 순

『백설 공주에게 죽음을』

서스펜스와 미스터리를 즐길 수만 있다면

● 전기순

1

영화 〈백 투 더 퓨처〉(이하 〈백투〉)와 〈캐리비안의 해적들〉(이하 〈캐리비안〉)은 비슷한 오락영화 같지만 삶을 바라보는 격에 있어서는 강물을 사이에 둔 두 개의 언덕처럼 사뭇 다르다. 〈백투〉를 보고 영화관을 나설 때 나는 내가 먼 과거나 미래로 돌아간다면 어디로 갈 수 있을까를 진지하게 생각했다. 지금도 나는 삶이 피곤할 때 과거의 어떤 특별한 시간을 일부러 떠올리는 버릇이 있다. 그 떠올리기는 보통 소설에서 말하는 한 개인의 시점일 수도 있지만, 역사적이거나 심지어 역사 밖의 어떤 시간이기도 하다. 내가 좋아하는 시간은, 예를 들면 1492년 여름으로 돌아가 콜럼부스와 함께 신대륙으로 탐험을 떠나는 것이다. 그 항로의 끝에는 전혀 예상하지 못한 모험의 세계가 기다리고 있다. 〈백투〉에서 박사와 청년이 엮어가는 대사는 엉터리와 두서없음이 뒤섞여있는 것 같지만, 사이사이에 삶을 반추하게 하는 위트가 배어있다. 반면, 〈캐리비안〉을 봤을 때는 아무 생각 없이 영화관을 나왔다. 영화는 그런대로 재미있었다. 그것뿐이다. 지금은 영화의 어떤 장면도 어떤 대사도 떠오르지 않는다. 정말 아무것도 남기지 않았다. 〈백투〉는 감독이 누구인지 알고 싶게 만든다. 어떤 인간이 저런 기발함을 생각해 냈단 말인가? 반면에 〈캐리비안〉은 그런 호기심을 주지 않는다. 지금도 나는 〈캐리비안〉을 만든 감독이 누구인지 모른다. 여기저기서 감독의 이름을 들었던 것 같은데 기억이 없다.

〈백투〉가 〈캐리비안〉보다 우수한 영화이며, 우리는 모름지기 〈백투〉 같은 영화를 봐야 한다고 주장하려는 것이 아니다. 두 영화 모두 세상에 존재할 이유가 있다. 어쩌면 〈백투〉의 특별함은 〈캐리비안〉의 평범함 때문에 인식되는 것일지도 모른다. 세상이 온통 〈백투〉같은 영화들만 있다면 우리는 그 특별함을 느끼지 못할 것이다. 두 영화는 각각 나름대로의 서사적 목적이 있고, 그 목적을 따라 고유한 문법을 따라간다. 〈캐리비안〉의 목적은 관객에게 두 시간 동안 현실의 삶을 잊게 하는 것이다. 그렇기 때문에 이런 유의 영화가 어중간하게 관객들에게 뭔가를 생각하게 하려는 것은 위험하고 원래의 목적을 빗나가는 것이다.

『백설 공주에게 죽음을』은 어느 정도 〈캐리비안〉의 계열에 속하는 소설이다. 꽤 재미가 있다. 뭔가 궁금하게 만들고, 어떤 정보도 금방 알려주지 않는다. 그것을 위한 노력의 끈이 보이는 것이 좀 거슬리기는 하지만.

2

소설은 알텐하인이라는 작은 마을과 그 밖의 공간을 왔다 갔다 하며 진행된다. 알텐하인에는 토비아스와 그와 다양한 사연으로 얽힌 4명의 여자가 있다. 나디야는 토비아스의 소꿉친구로 감옥에 있을 때도 일편단심 그를 기다린다. 그녀는 어릴 때부터 토비아스를 짝사랑했지만 이 남자는 그녀를 그냥 친구로 생각할 뿐이다. 여자는 그 시절 다른 소녀들에 가려 남자의 눈에 띄지 않았지만 이제는 눈부시게 아름다워졌을 뿐만 아니라 유명한 영화배우가 되기까지 했다. (이것이야 말로 모든 소녀들의 욕망이다.) 베를린에서 알텐하인으로 막 이주한 아멜리는 18살의 반항적인 소녀다. 그녀는 마을로 귀환한 토비아스에게 호감을 느끼며, 점차 과거의 비밀에 호기심을 가지기 시작한다. 주인공 토비아스는 스테파니와 로라라는 소녀를 살해한 죄로 10년 동안 감옥에 다녀온 남자다. 돌아온 그를 기다리고 있는 것은 지난 세월 동안 아들의 죄로 고통받아온 부모와 더할 수 없이 황폐해진 집이다. 게다가 마을 사람들의 냉대.

알텐하인은 테를린덴 가문에 의해 지배되고 있다. 클라우디우스 테를린덴은 은밀한 방식으로 마을 사람들을 지배한다. 그에게는 금융업자인 라르스와 자폐증을 앓고 있는 티스라는 쌍둥이 아들이 있다. 그레고어 라우터바흐는 알텐하인 고등학교의 교사였다가 지금은 독일의 교육부 장관이다. 그의 아내는 정신병원 원장으로 무능한 남편을 장관으로 만들었으며, 겉으로는 다정하고 온화하지만 비밀의 한 가운데에 있는 인물이다. 그리고 토비아스의 아버지 하르트무트 자토리우스와 살인과 얽힌 몇 명의 마을 남자들과 살해당한 두 소녀의 부모들과 그 친척들…… 정말 많은 인물이 등장한다. 게다가 제법 긴 독일식 이름들이다.

마을의 폐쇄된 공간 바깥에는 경찰의 세계와 그들의 사생활이 있다. 수사반장 보덴슈타인과 파트너인 피아. 보덴슈타인의 아내 코지마, 코지마의 정부인 탐험가, 피아의 전 남편 헤닝과 그녀와 동거하는 남자. 카트린, 벤케, 오스터만 등등. 정말 많은 인물이 등장한다.

토비우스라는 서른 살의 살인전과자는 물론 살인을 하지 않았다. 도입부 다섯 쪽을 채 읽기 전에 절대 그럴 사람이 아니라는 걸 알 수 있다. (모르면 바보다.) 토비는 누명을 어떻게 벗어날 수 있으며 범인은 누구인가? 독자는 그때부터 서스펜스(누명을 어떻게 언제 벗을 수 있을까?)와 미스터리(도대체 누가 그 짓을 했을까?)를 따라간다.

3

제목을 처음 봤을 때는 백설 공주 신화를 전복한 멋진 소설이 아닐까했다. 디즈니가 양산한 "잠자는 공주/백마 탄 왕자"의 신화를 뒤집은 〈슈렉〉처럼 말이다. 소설에서 백설 공주는 살해당한 스테파니의 미라이다. 그녀가 백설 공주로 불리게 된 것은 어떤 연극에서 그 역을 맡았기 때문이다. 스테파니는 미라가 되어 백설 공주처럼 흑단의 머리를 부채처럼 펼치고, 두 손을 가슴에 가지런히 얹은 채 빛이 간신히 들어오는 반 지하에 누워있다. 이 작품이 백설 공주와 연관되는 것은 거기까지다. 스테파니는 백설 공주의 진정한 이미지나 스토리와 상관이 없으며, 더구나 스테파니에 대한 인물묘사의 두께는 백짓장처럼 얇다. 구태여 연관시킨다면 모진 질투가 화를 부른다는 정도. 그런데 백설 공주 이야기가 아니라도 질투는 많은 경우 살인의 근원이 아닌가?

그래도 『백설 공주에게 죽음을』은 어느 정도 재미있다. 작가는 미스터리와 서스펜스를 위해 혼신의 힘을 다한다. 토비우스가 누명을 벗어가는 메인플롯으로는 500쪽이 넘는 분량을 채우기는 불가능하다. 그래서 작가는 수많은 서브플롯을 사용한다.

소설이 4분의 1정도 진행됐을 때, 이야기는 곁가지로 빠져나와 토비우스의 어머니가 낯선 사람에 의해 육교에서 떨어져 중상을 당하는 장면으로 간다. 도대체 누가 그 짓을 했단 말인가? 잠시 후에는 수사반장 보텐슈타인이 고민한다. 25년 동안 함께 살아온 아내에게서 이상한 낌새가 느껴진다. 문자메시지를 우연히 보게 된다. 우연히 도로에서 아내의 차가 앞에서 달리는 것을 본다. 아내에게 전화한다. 전화를 받는 아내의 모습이 보인다. 아내는 거짓말을 한다. 다시 한 번 우연히 레스토랑에서 아내가 다른 남자와 앉아있는 것을 발견한다. 도대체 어떤 놈과 바람을 피운단 말인가? 동료 수사관과 헤어진 피아에게는 전 남편과

판이하게 다른 애인이 생긴다. 그녀는 남자가 자기 집에 들어와 살 수 있도록 하기 위해 주거지 개축 신청서를 내지만, 무허가 건물이라는 청천벽력 같은 답장을 받는다. 두 사람은 철거를 피해 이 집을 지키고 행복을 유지할 수 있을까? 등등…… 문제는 서브플롯들이 메인플롯에 끈끈하게 붙어있는 것이 아니라 별개로 움직인다는 것이다.

작가는 시트콤의 광팬임에 틀림이 없다. 시트콤에서는 시청자의 집중도를 높이기 위해 이중 플롯이 사용된다. 한 가지 이야기를 하다가 중단하고 다른 이야기를 보여준다. 두 번째 스토리를 들으며 지겨워질 만하면 다시 첫 번째 스토리로 넘어가는 식이다. 『백설 공주에게 죽음을』은 시트콤 보다는 더 조직적이다. 이중 혹은 삼중 플롯이 이어졌다 끊어졌다를 반복한다. 그래서 500쪽이 2-4쪽 분량의 수많은 분절로 잘게 쪼개져있다. 분절의 숫자는 어림잡아 200개 정도는 될 것이다.

4

다른 면에서, 이 작품은 순정만화의 소설적 판본이다. 젊은 캐릭터는 모두 조각처럼 잘 생겼으며, 토비아스는 아멜리가 옛 애인인 백설 공주보다 백배는 더 예쁘다고 생각한다. 보덴슈타인의 부모는 성에 사는 귀족이다. 그는 지적이며 스마트할 뿐 아니라 너그럽다. 그 반대쪽에는 티스가 있다. 자폐증이며 오직 그림으로만 자신을 표현하는 그는 모성애를 자극하는 전형적 인물이다. 어른들의 관계도 성적으로 얽혀있다. 이상하게도 수많은 인물들이 나와 여러 사랑 이야기를 늘어놓는데, 가슴을 뭉클하게 만드는 사랑은 없다. 관계가 억지로 이어지고 감정이 여운을 주지 않기 때문이다.

『백설 공주에게 죽음을』은 160cm의 키에 90kg의 몸무게를 가진 여자와 같다. 몸무게를 30kg은 빼야 정상적인 생활을 할 수 있을 것이다. 좀 예쁘게 보이려면 40kg은 빼야한다. 게다가 등장인물의 3분의 1정도는 없어도 된다. 대사는 평범하다. 암시적이거나 상징적인 대사는 거의 없다. 어떤 경우에는 이미 앞에 서술한 장면을 인물의 입을 통해 반복한다.

내가 이렇게 판단하는 것은 이런 유의 소설만이 지닌 나름의 독법과 가치에 대한 나의 몰이해 때문일지도 모른다. 아니, 분명 그것 때문이다. 작가도 그걸 알기 때문에 길게 썼을 것이다. 어느 정도 재미만 유지할 수 있다면, 그리고 명대사나 명문은 아니지만 감정이나 상황을 그럭저럭 표현 할 수 있다면, 중요한 것은 소설의 양이다. 더 많은 시간을 즐길 수 있기 때문이다. 그것이 이 소설의 방향성이다.

5

책날개에 소개된 글과 역자의 글에 적힌 작가에 관한 정보를 종합하면 다음과 같다. 독일 출신의 넬레 노이하우스는 1967년 생으로 나이 차이가 많이 나고 소시지 공장을 운영하는 남편 밑에서 가정을 지키다 어느 날 소설을 쓰게 되었다는 것이다. 처음에는 책을 내주는 출판사가 없어 자비로 출판하다가, 타우누스 시리즈를 시작하면서 유명해졌다고 한다. 타우누스는 아마 작가가 잘 알고 있는 독일의 어떤 지역이고 그녀의 작품에는 그 지역의 상세한 정보가 바탕이 되어있는 것 같다.

서평을 쓰는 입장에서 작가 정보를 그 작가가 쓴 책의 여기저기에 간헐적으로 적힌 것으로 충족하는 것은 불성실한 것이다. 그럼에도 불구하고 나는 작가에 대해 별로 알고 싶지 않았다. 전에 무엇을 썼는지도 궁금하지 않고 어떤 영향을 받았는지도 궁금하지 않다. 작가가 내 앞에 서있다 해도 나는 꿀 먹은 벙어리가 될 것 같다. 내가 받은 인상은 작가가 TV드라마를 섭렵하지 않았을까 하는 정도고, 그것이 작가에게 물어

보고 싶은 유일한 것이다.

6

『백설 공주에게 죽음을』을 반쯤 읽어갈 무렵부터 마음이 울적해졌다. 이 소설이 2011년 국내에 초역된 외국문학 중 베스트셀러라는 사실 때문이다. 무려 22쇄를 찍었다. 나는 넬레 노이하우스라는 소설가를 폄하하고 싶은 마음은 전혀 없다. 세상에는 재능 있는 작가도 있고 평범한 작가도 있다. 또 평범한 작가가 어느 순간 특별한 작가가 될 수도 있다. 내용이야 어떻든 500쪽이 넘는 소설을 쓰기가 쉬운 일인가? 웬만한 노력 없이는 되지 않는 것이다. 나도 영 자신이 없는 분량이다. 이 작가는 열심히 글을 썼다. 독자들을 재미있게 하기 위해서. 다시 한 번 말하지만 그것이 이 소설의 유일한 미덕이다.

2012년에 〈백투〉와 〈캐리비안〉이 국내에 개봉된다면, 관객들은 어떤 영화를 더 보고 싶어 할까? 『백설 공주에게 죽음을』의 성과를 고려하면 〈캐리비안〉이 될 것 같다. 그것이 현재 국내 소설의 트렌드이다. 서스펜스와 미스터리를 즐길 수 있다면 다른 것은 아무래도 상관이 없는 것이다.

서지정보
Schneewittchen Muss Sterben, Nele Neuhaus.
『백설공주에게 죽음을』, 넬레 노이하우스 작, 김진아 옮김, 북로드, 2011.

전기순
한국외국어대학교 스페인어과를 졸업하고 마드리드 국립대학교에서 스페인 현대시에 대한 시학연구로 박사학위를 받았다. 저서로 ≪스페인 이미지와 기억≫와 ≪알모도바르 영화≫ 등이 있으며, 스페인어권 문학과 영화에 대한 강의와 저술활동을 하고 있다. 현재 외국문학연구소장이다.

종이여자

끝나지 않는 소설

●

최은희

『종이여자』

끝나지 않는 소설

● 최은희

기욤 뮈소의 『종이여자』는 철저하게 독자를 속이고 철저하게 독자를 기쁘게 하는 소설이다. 작가는 자신의 등장인물들까지 속인다. 소설의 막바지에 선 독자는 자신이 어디에서부터, 누구에게 속았는지 한참을 생각해야 하며 이미 지나온 책장들을 여기저기 거꾸로 넘겨본다. 꼼꼼히 메모를 하면서 읽지 않았다면 어느 지점에서 이 '행복한 사기 행각'이 시작되었는지 찾아내기란 쉽지 않다. 이 소설의 힘은 바로 그 철저한 속임수에서 온다고 해도 과언이 아니다. 완벽하게 독자를 속일 수 있었던 능력, 그리고 뫼비우스의 띠처럼 경계가 불분명한 소설의 안과 밖. 이것이 바로 이 소설이 그토록 많은 독자들의 손에서 손으로 옮겨다닐 수 있었던 힘의 근원이 아닐까.

우선, 소설의 줄거리는 이러하다. 아직 이 소설을 읽지 않은 독자에겐 김빠지는 일이 되겠지만, 글의 진행을 위해 내용을 말해야만 하는 필자의 고충도 이해해 주길 바란다(실제로, 많은 인터넷 서점의 서평을 보면 결말의 반전에 대해서는 거의 언급하지 않음을 볼 수 있다. 미래의 독자를 위해 남겨둔 일종의 배려이리라). 베스트셀러 작가인 톰 보이드는 아름다운 프랑스 피아니스트 오로르와 연애를 하다 버림을 받는다. 그들은 유명세 때문에 사랑한 날부터 이별하는 날까지 일거수일투족이 언론에 공개되는 곤혹스러운 경험을 치른다. 실연의 비탄에서 벗어나지 못하는 톰은 세상과 담을 쌓고 지내고 그의 어린 시절 친구들인 밀로와 캐롤은 그를 다시 세상 밖으로 끌어내기 위해 안간힘을 쓴다. 엎친 데 덮친 격으로, 톰의 소설 출판 기획을 담당한 밀로의 투자 실패로 그들은 빚더미에 앉게 된다. 짧은 시간에 엄청난 부를 축적했던 그들이 하루아침에 파산하게 된 것이다. 재기하는 방법은 톰 보이드가 쓰고 있는 연작소설의 마지막 3부를 집필하는 길밖에 없는데, 정작 톰은 실연의 상처로 노트북 화면조차 제대로 바라보지 못한다. 약으로 버티며 겨우 살아내고 있는 톰 앞에 어느 날 한 여자가 나타난다. 톰의 연작소설 〈천사 3부작〉에 나왔던 등장인물 빌리이다. 주인공도 아닌 이 여인은 소설 속에서 '잭'이라는 유부남을 사랑하나 그 사랑을 되돌려 받지도 못하는, 별로 행복하지는 않게 설정된 여자이다. 책 속의 그녀가 어떻게 소설가 톰의 눈앞에 나타났을까? 그녀는 톰의 2부 소설 특별에디션 10만부가 중반부터 인쇄가 되지 않고 백지로 출판되어버려-10만부의 책은 모두 회수되어 소각된다, 단 1부만 빼고- 소설책의 중간에서 떨어졌다고 자신의 등장 이유를 설명한다. 아무도 빌리의 말을 믿지 않았지만, 소설적 상황은 그 이상한 사건을 현실로 받아들일 수밖에 없도록 진행된다. 결국 우여곡절 끝에 톰은 빌리를 사랑하게 된다.

그러나 빌리는 종이 속에서 나온 여자. 톰과 같은 세상에서는 살 수 없는 여자이다. 갑자기 잉크를 뿜어내기도 하고 병원의 검사 결과 몸이 다량의 셀룰로즈 성분을 함유하고 있다고 판명되기도 한 여인이다. 빌리는 병에 걸려있다. 이제 그녀를 살려내는 것이 삶의 목표가 된 톰에게 빌리는 자신의 세상으로 돌아갈 수 있도록 남은 소설을 마저 써달라고 부탁하며 더불어 자신을 조금만 덜 불행한 여자로 그려달라고 한다. 그녀의 부탁대로 톰은 소설을 집필하며 '잭'의 성격을 조금씩 바꾸어 나간다. 여전히 개망나니인 잭에게 자신이 '막 사랑하기 시작한 여자를' 내어줄 수밖에 없음을 통탄하며. 빌리의 병상을 지키며 다시 쓰기 시작한 3부작이 탈고된 날, 톰은 빌리에게 완성된 원고를 내민다. 그 날 밤이 둘의 마지막 밤이다. 함께 마신 위스키가 톰의 정신을 몽롱하게 만들며 톰은 이내 잠이 든다. 다음날 아침 회색 재만 남아있는 꺼져버린 벽난로를 배경으로 톰이 깨어났을 때 빌리는 이미 없다. 톰도 빌리가 그녀의 세상으로 돌아갔다는 것을 안다. '빌리는 왔던 때와 다름없이 내 인생에서 홀연히 사라졌다. 내 가슴을 꿰뚫고 지나간 총알처럼 […] 나는 다시 처량하게 홀로 남았다' 라고 톰은 쓸쓸히 독백한다.

이상이 총 481쪽인 이 소설의 첫 장부터 453쪽까지의 내용이다. 독자는 소설의 대부분에 할애된 이 경이로운 사랑 이야기에 빠져들었었다. 주인공 톰은 가상의 세계로부터 사고처럼 현실로 떨어진 빌리라는 여자를 사랑하게 되었고, 독자는 톰과 마찬가지로 그 황당하고 비현실적인 이야기가 마치 자신의 현실인양 가슴 졸이며 지켜본다.

이런 황당한 설정이 현실성 있게 받아들여지는 것이 어떻게 가능했으며, 독자는 어떤 이유로 톰이나 빌리에게 감정이입되어 이 소설을 읽어낼 수 있었을까. 그것이 가능했던 이유는 우선 '이것은 소설이니까 무엇인들 불가능할까' 라는 현실 속 독자의 지극히 보편적인 상식과, 주인공을 신뢰하는 독자의 판단 의탁이 있었기에 가능한 일이었을 것이다. 즉, 주인공 톰이 그녀의 존재 상황을 사실로 인정하므로 독자로서도 그 주인공의 믿음을 굳이 의심하지 않고 따랐던 것이다. 그런데 문제는 독자가 '지극히 상식적인' 차원으로 소설의 비현실성을 인정하면서 독서를 하지 않았다는 데 있다. 독자는 픽션을 대하는 상식적 거리를 두고 이 소설을 읽어나가는 것이 아니라 진실로 공감하며 그들의 연애담을 좇아가기 때문이다. 그렇다면 그 이유는 무엇일까. 그것은 바로 소설의 전지적 작가가 주인공과 독자에게 이 상황이 '현실' 임을 주지시켰기 때문이다. 이 소설은 때로는 등장인물의 시점으로, 때로는 전지적 작가 시점으로 소개된다. 전지적 작가란 우리가 아는 바와 같이 소설가 그 자체는 아니지만 거의 작가의 위치와 동일한 무소불위의 권력을 행사하는 위치에 있다. 그래서 이 작가는 소설 7장에서는 소설로부터 나온 빌리라는 여자의 속마음까지 읽어낼 줄도 안다 : "빌리는 정말이지 하늘이 불공평하다는 걸 새삼 느꼈다. 어떤 여자는(오로르를 지칭-필자 주) 미모와 지성, 부와 재능을 동시에 갖고 태어났는데 왜 나는 그렇지 못할까". 그런 전지전능한 작가가 독자에게 말한다. "이 소설은 흔한 책이 아니었다. 어린 시절 친구의 고통을 옆에서 지켜보며 괴로워하던 한 소년의 머릿속에서 싹이 튼 이야기였다. 세월이 흐르고 작가 자신이 내면의 악마들에 사로잡혔을 때, 책은 그를 돕기 위해 소설 속 주인공 한 명을 현실세계로 던져주었다. 강물이 스며들어 책이 서서히 손상되어 가는 순간, 현실이 다시 위력을 발휘하는 듯했다. 빌리를 이 땅에서 데려가기로 단단히 결심한 듯……". 이 서술은 빌리의 목숨이 위태로운 것은 잘못 인쇄된 10만부의 책이 소각되었기 때문이며 마지막 남은 한부마저 사라지면 빌리는 영영 소설 속으로도 돌아갈 수 없을 것이라는 판단 하에 톰, 밀로, 캐롤 등이 그 한 권의 파본을 찾기 위해 동분서주하는 과정에 나온 서술이다.

자, 이러니 독자나 주인공 톰이 빌리의 존재를 의심할 여지가 있었겠는가. 위와 같은 전지적 작가의 서술은 '이건 소설이니까…' 라는 독자의 관용을 아예 불필요한 것으로 만들어버린다. 그의 권위로 소설의 '사실임직함' 을 당당하게 주장한 나머지 독자들이 허구의 인물에게 감정이입을 시키는 결과가 초래되는 것이다. 독자는 톰과 빌리의 애틋한 사랑을 어쩌면 이루어질 수 있을지도 모르는 사랑이야기로 여기며 소설을 읽어나간다. 그런데 역시 빌리는 453쪽에서 사라져버리고 톰과 독자는 동시에 상실감에 사로잡힌다.

다시 소설의 환상성으로 돌아가보자. 프랑스 작가 메리메(Prosper Merimee)의 콩트나 보리스 비앙(Boris Vian)의 소설-L' ecume des jours-에서 보이는 환상적 요소들은 현실과 뚜렷이 구분되는 것들이거나, 적어도 독자들이 그것을 당연시하는 상황에서 이야기 속에 등장한다. 카프카의 『변신』의 주인공이 벌레로 변했을 때에도 독자는 그 철학적 의미를 고려하며 독서를 하였을 뿐, 등장인물에의 직접적 감정이입은 일어나지 않는다. 그것이 소설의 비현실적 상황이라는 것을 너무나도 잘 알기 때문이다. 보리스 비앙의 여주인공 클로에의 가슴에 연꽃이 피어나는 것도 독자는 그것이 소설이기 때문에 충분히 가능한 일이라고 여긴다. 즉, 소설의 환상성을 접할 때 독자는 그것이 소설이라는 사실을 알기 때문에 소설의 비현실적 속성을 감안하며 독서를 행하는 것이다. 이는 동화를 읽을 때 그 환상적 속성을 접하는 독자의 자세와 유사하다. 신데렐라에서 마차로 변하는 호박이나 마부로 변하는 들쥐 등은 이야기가 주는 감동과는 별개로, 허구라는 보편적 믿음의 속성 위에서 읽혀지는 것이다.

반면 소설 『종이여자』는, 독자와 소설이 맺는 환상성의 수용 법칙에 어긋나게 몰입과 감정이입을 통해 독자의 절대적 공감을 이끌어낸다. 이야기가 비현실적인 것이 아니라 진짜 현실인 것처럼 믿게 만들어버리는 것이다. 즉 사건의 비현실성은 있는 그대로 비현실적이지 않고 사실성을 표방하며 독자가 몸담고 있는 현실감과의 간극을 메꾸어버린다.

이것이 다가 아니다. 소설의 나머지 부분에서 반전이 일어난다. 전지적 작가까지 동원되어 독자로 하여금 그 비현실성을 믿게 만들더니, 소설의 끄트머리에 가서는 그것이 각본임이 밝혀진다. 빌리는 실제로 존재하는 사람이었던 것이다! 톰으로 하여금 다시 소설을 쓰게 하기 위하여 밀로와 여배우가 치밀하게 계획하고 의도한 사건이었음이 드러나게 되는데, 그 사실을 전혀 모르던 캐롤은 톰이 사랑하는 빌리를 살리기 위해 마지막 파본을 찾아 대륙을 헤맸고, 캐롤을 사랑하던 밀로는 그것이 의도된 일이었음을 차마 말하지 못한 채 캐롤을 따라 파본을 찾아다니는 모험을 하게 된 것이다. (이 과정에 삽입되는 작은 이야기들은 소설이 제공하는 또 다른 즐거움이다. 소각되지 않고 우연에 우연을 거듭하며 여행을 하는 파본 한 권에 얽힌 이야기들은 길거나 짧은 형태로 소설에서 독자적 공간을 차지하며 독자를 즐겁게 한다).

다시, 빌리가 실제 존재하는 사람이었다는 반전에 대해 생각해보자. 결국 독자는 작가에게 완벽히 속아 넘어가 톰 또는 빌리에게 자신을 투사하며 진지하게 연애담을 읽었고, 반전 이후는 자신이 완벽하게 속을 수 있었음에 감탄하였으며, 톰과 빌리가 소설의 남은 페이지에서 보통의 연인 같은 결말을 얻을 것에 대해 안도감도 느끼게 된다. 이것이 이 소설 『종이여자』의 내용이 독자를 몰입시키고 흥분시키는 과정이다.

앞에서 뫼비우스의 띠와도 같은 소설의 안과 밖의 탈경계-또는 무경계-라고 언급한 그 부분을 이야기해 보자. 총 39장으로 구성된 소설에서 제 36장은 '빌리와의 마지막 날' 이라고 제목이 붙여져 있다. 그 장에서 빌리는 밤사이 사라진다. 이후 밀로와 캐롤의 결혼식장에서 빌리에 관한 진실을 전해들은 톰은 브라운 대학에 다니고 있는 빌리를 찾아간다. 먼발치에서 친구들과 이야기를 나누는 빌리를 본 톰은 자신이 알던 그녀보다 훨씬 행복해 보이는 빌리를 발견하고는 그대로 돌아선다. 그는 '단 한 번밖에 오지 않는 순간의 이미지를 포착하는데 실패한 사진작가처럼, 나는 내 인생에 다시 웃음과 빛을 줄 수 있는 결정적인 순간을 눈앞에서 놓치고 말았다' 고 착잡한 심정을 토로한다. 빌리를 확인하고 로스앤젤레스로 되돌아오는 비행기에서의 다섯 시간 동안 톰은 노트북을 켜고 새로운 소설의 제 1장을 단숨에 써내려간다.

그 책은 바로 이 소설의 첫 장이다. 톰은 워드 프로그램을 실행시키고 소설의 제목을 쳐 넣는다. 〈종이여자〉.

1장 해변의 집

"톰, 문 열어."
고함 소리만 바람 속으로 흩어질 뿐 대답은 돌아오지 않았다.

톰이 적어 내려간 1장의 내용은 정확히 지금 독자의 손에 쥐어져 있는 그 소설의 1장과 일치한다. 소설의 마지막 장인 39장에는 학교에서 나와 서점에 들른 빌리가 톰의 새 소설 〈종이여자〉를 읽으며 자신의 이야기임을 알게 되는 장면이 나온다. 아직 읽고 있는, 끝나지 않은 소설이 다시 소설 안으로 들어가는 장면을 목도하는 독자는 작가의 복잡한 유희에 다시 한 번 탄복하게 된다. 21세기 판 고차원적 격자소설의 진수라고 해도 과언이 아니다. 사실성과 환상성이 뒤엉켜 혼돈으로 점철된 이 소설을 겪어오며 미처 정신을 수습하기도 전에 독자는 톰이 그려내는 미로 속으로 다시 진입하게 되는 것이다.

자신이 아는 이야기는 소설의 36장에서 끝났다고 빌리는 말한다. 그리고 나머지 두 장을 두근거리는 가슴을 안고 읽는다는 서술이 있는 걸 보면, 빌리가 읽는 소설은 총 38장으로 되어있는 모양이다. 빌리는 톰을 찾아가기로 결심한다. 톰의 팬 싸인회를 찾아간 빌리는 싸인을 받으며 톰과 재회하고, 저녁 식사를 위해 둘이 타고가는 낡은 캔디핑크색 피아트 500 안에서 빌리의 끝없는 수다가 이어진다...이것이 소설의 끝 장이자 마지막 장인 39장이다.

정리해보면, 소설의 38장까지는 소설이 읽혀지는 중간에 출판이 된 셈이고, 나머지 39장은 소설 밖에 존재하는 또 다른 이야기가 되면서 동시에 독자의 손에 들려있는 소설이기도 한 구조이다. 그러므로 소설의 1장부터 38장까지는 무한히 순환하는 구조를 가지며(독자가 빌리를 따라 소설을 읽는다면 1장부터 현 시점까지 계속 되풀이되는 같은 소설을 무한정 읽게 될 것이므로), 39장이 추가된 전체 소설은 또 하나의 다른 소설이 되는 셈이다. 그 소설은 톰과 빌리의 새로운 이야기를 예고한다. 빌리가 '지금 읽은 소설이 첫 챕터였다면, 그를 다시 만나 두 번째 챕터를 함께 써야 한다' 고 말했듯이. 독자는 두 번째 챕터를 읽지 않고도 남은 이야기를 덤으로 읽게 되는 셈이다. 기욤 뮈소가 소설의 끝 부분에 마련해둔 유희의 장치가 그 이야기를 상상할 수밖에 없도록 만들기 때문이다. 끝났으나, 끝나지 않은 소설적 장치라고나 할까.

독자에게 사랑받는 소설은 모두 저마다의 이유를 지닌다. 독자의 지적 욕구를 채워주거나, 독자 스스로가 어렴풋이 느끼고는 있지만 뭐라 언어로 표현하기 힘들었던 감정들을 한 폭의 화집처럼 정밀하고 세련되게 그려내거나, 아니면 설령 거친 이야기 들일지라도 스피디한 속도와 구성으로 놀이공원의 바이킹을 타는 느낌을 전해 준다든가 하는 다양한 이유들이 있을 것이다.

기욤 뮈소의 소설이 독자를 사로잡을 수 있었던 요인은 우선 소설의 70쪽부터 453쪽까지를 채우는 환상성에 기초한 전개였다. 픽션이 스스로에게 허락했던 실현 불가능한 허구는 독자를 무장해제 시킨 뒤 치밀한 사실성(빌리가 입에서 잉크를 토한다든가, 빌리의 몸이 섬유질로 이루어져 있다는 의사의 소견, 그리고 전지적 작가의 거짓말 등)을 기반으로 환상성과 실재의 구분을 모호하게 하며 독자의 행복한 몰입을 이끌어냈다.

독자로 하여금 지금껏 소설 작품에서 경험하지 못한 감정을 느끼게 하는 기욤 뮈소의 소설가로서의 능력은 그렇게 발휘되었다. 믿을 수 없는 이야기를 허구로서 제시하는 대신 상식적인 독자마저 인정할 수밖에 없는 사실임직한 허구로 제시하는 능력이라고나 할까. 소설 『종이여자』는 이렇듯 대놓고 허구인 것과 사실임직한 것이 조성하는 팽팽한 긴장감으로 이루어져 있다. 결국 작가와 등장인물에 의해 독자는 그 허구의 사실성을 믿어버리게 된다. 이어서 작가는 소설의 물질적 존재감 자체에 의혹을 제기하는('어느 것이 지금 우리가 읽고 있는 소설인가?'라는) 구성으로 마지막까지 독자를 고민시킨다. 우리가 알고 있는 소설, 2차원의 재료인 네모 종이 위에 검은 활자가 인쇄된 그 평면, 그 속에 존재하는 마술 같은 시공의 부피를 독자는 실로 생생하게 체험하게 된다. 분명 소설 밖으로 나가는 길이었는데 다시 소설의 안으로 들어와 있는 자신의 모습을 발견하는, 끝나지 않을 소설의 길 위에 선 독자는 그래도 행복하다.

서지정보

La fille de papier, Guillaume Musso.

『종이여자』, 기욤 뮈소 작, 전미연 옮김, 밝은 세상, 2011.

최은희

이화여자대학교에서 불문학을 전공하고, 1995년 프랑스 파리 3대학에서 마리보 소설의 서술학적 분석으로 박사학위를 받았다. 이후 이화여대, 충남대, 한남대, 세종대, 명지대, 서울대, 인천대 등에서 강의를 하였고 이화여대 기호학연구소와 파리 사회과학대학원, 인천대학교 등에서 연구원을 역임했다. 현재 인천대학교에서 강의하고 있

브리다

마법에 대한 낭만적인 향수

●

김 재 선

『브리다』

마법에 대한 낭만적인 향수

● 김재선

2001년 세상을 두루 여행하고 싶어 양치기가 된 한 청년이 꿈을 좇아 모험을 떠나고 꿈을 이룬다는 이야기, 『연금술사』의 인기는 우리나라에서 거의 폭발적이었다. 자본을 최고의 가치로 여기고 더 많은 자본을 소유하고자 집착하는 이 시대에 너무나 가진 것 없는, 그러면서도 자본을 추구하기보다는 꿈을 좇는 한 양치기 청년의 모험담이 많은 한국 독자들의 마음을 사로잡은 것이다. 자본, 물질 만능주의 시대에 지쳐가는 탓이었을까? 한국에서 뿐만이 아니었다. 1987년에 쓰여진 이 작품은 전 세계적으로 무려 2000만부 이상이 팔렸으며 브라질 출신의 작가 파올로 코엘료는 세계적인 작가의 반열에 오르게 되었다. 코엘료는 신비로운 동화적 분위기를 이끌어내면서 우주와 인생에 심오한 지혜가 있으니 인간은 세상의 온갖 즐거움을 누리면서도, 또, 한편으로는 어려운 현실 속에서도 영혼을 잃어버리지 말고, 우주의 언어를 이해함으로써 꿈을 이루라고 한다. 그것은 곧 자아실현이기도 하다. 주인공 산티아고처럼. 또한, 꿈을 포기하지 않고 이룬 후 산티아고가 오아시스에서 만난 아름다운 여인과의 사랑을 지키기 위해 이집트로 돌아가려고 다짐

함으로써 사랑 이야기도 놓치지 않는다. 삶의 무게가 느껴지는 현실을 초월한 것 같은 세계, 뭔가 심오하고 지혜로운 것 같은 메시지, 개인의 꿈의 성취, 아름다운 사랑 이야기를 단순하고 소박하면서도 환상적인 요소들로 전개하면서 많은 독자들에게 호소력을 발휘한 것이었다. 또한, 작품 곳곳에 펼쳐져 있는 많은 경구들은 독자들의 마음에 잔잔한 여운을 남기며 '연금술사의 명언'이라는 말까지 만들어냈다. 비록 그 경구들이 작품 구조나 스토리와 긴밀하게 연관되어 있지는 않지만 말이다.

"이 세상에는 위대한 진실이 하나 있어. 무언가를 온 마음을 다해 원한다면, 반드시 그렇게 된다는 거야. 무언가를 바라는 마음은 곧 우주의 마음으로부터 비롯된 것이기 때문이지. 그리고 그것을 실현하는 게 이 땅에서 자네가 맡은 임무라네."
"자네가 무언가를 간절히 원할 때 온 우주는 자네의 소망이 실현되도록 도와준다네."
"행복의 비밀이란 이 세상의 모든 아름다움을 보는 것과 그리고 절대로 숟가락에 있는 기름 두 방울을 잃어버리지 않는 데에 있다네."

2011년 코엘료는 양치기 청년 산티아고 대신 마법을 배우고 싶어 하는 스무살 여자 브리다를 소개하여 베스트셀러 작가로서의 자리매김을 확고히 해주었다. 앳되어 보이고 예쁜 브리다 오페른은 회사 비서로 일하며 대학교에서 수업도 듣는다. 물리학과 조교로 일하는 남자친구도 있다. 그러나 왜 그런지는 모르지만 그녀는 마법을 배우고 싶어 한다. 자신이 마법에 관심을 가지게 된 계기를 찾으려고 노력했지만 찾을 수가 없었다. 오직 알고 싶은 마음만 가졌을 뿐이었다. 그런 이유로 점성술과

타로카드, 수비학(數秘學: 숫자가 사람, 장소, 사물, 문화 등에 관한 숨겨진 의미와 연관성을 공부하는 학문) 강좌에 자주 드나들기도 했다. 1983년 8월, 브리다는 드디어 아일랜드의 숲으로 마법사를 찾아간다.

"마법을 배우고 싶어요."
"마법은 왜 배우고 싶은 건가?" 마법사가 물었다.
"삶에 관한 몇 가지 질문의 답을 찾고 싶어요. 신비로운 힘도 배우고 싶고요. 그리고 어쩌면 과거나 미래로 여행할 수 있을지도 모르잖아요."
"자네는 마법이 신비롭고 비밀스럽기 때문에 배우고 싶은 모양이군. 극소수의 사람만이 평생 동안 추구해야 얻을 수 있는 답을 마법이 품고 있어서일 수도 있겠고. 하지만 무엇보다도 낭만적인 향수를 자극해서겠지."

"마법은 다리야." "눈에 보이는 세계에서 눈에는 보이지 않는 세계로 건너가게 하는 다리, 두 세계로부터 배움을 얻게 하는 다리."
"그렇다면 그 다리를 건너는 방법은 어떻게 배울 수 있죠?"
"그 다리를 건널 자신만의 방법을 찾으면서. 누구에게나 각자 자신만의 방법이 있네."
"그걸 찾으려고 제가 여기 온 거예요."
"두 가지 방법이 있네." "우리를 둘러싼 만물과 공간을 통해 비의를 가르치는 태양 전승이 있어. 그리고 시간의 기억 속에 갇힌 모든 것과 시간을 통해 비의를 가르치는 달 전승이 있지."
브리다는 알아들었다. 태양 전승은 오늘 밤이고 나무들이고 그녀의 몸이 느끼는 추위이고 하늘에 뜬 별들이었다. 그리고 달 전승은 오랜 옛날부터 전해 내려오는 지혜의 빛으로 환히 빛나는 두 눈을 가진, 그녀 앞에 앉아 있는 이 남자였다.

"소울메이트란 달 전승을 따르는 사람들이 가장 먼저 배우는 거야."
"소울메이트를 이해하는 것만으로도 수백 년의 시간을 걸쳐 지식이 전승될 수 있다는 걸 이해할 수 있지."
"소울메이트를 만나면 그의 왼쪽 어깨 위로 빛나는 한 점이 보여."
"대지 위에 사는 인간의 삶은 그 하나에 집약되어 있어. 자신의 다른 소울메이트를 찾는 것에 말이지. 지식, 돈, 권력을 좇아 달려가는 척하는 사람도 있지만, 그런 건 중요하지 않아. 무엇을 성취하든 자신의 소울메이트를 찾지 못하면 불완전하지. 천사의 후예인 몇몇 드문 피조물들—그들도 신과 만나기 위해서는 고독이 필요하지만—을 제외한 나머지 인간은 생의 어느 순간, 짧은 순간이나마 자신의 소울메이트와 함께 해야 신과의 합일에 도달할 수 있어."

"우리는 몇 차례의 윤회를 통해 나뉘지. 크리스털과 별이 쪼개지듯이. 세포와 식물이 분열하듯이 우리의 영혼도 분화되는 거야. 우리의 영혼이 둘로 나뉘고, 그 새로운 영혼들이 또다시 둘로 나뉘고 그렇게 세대를 거쳐 오면서 우리는 세상 곳곳으로 널리 퍼지게 돼"

"당신은 거듭된 환생에도 많이 나뉘지 않았어. 당신은 내 친구들이나 나와 같은 범주에 드는 사람이야. 우리는 달 전승을 유지하는 임무를 부여받은 사람들이지. 당신은, 마녀야."

"우리는 영원해. 우리는 신의 현현(顯顯)이기 때문이지. 바로 그렇기 때문에 우리는 아무도 모르는 곳에서 출발해서 수많은 삶과 죽음을 거치며 알 수 없는 곳을 향해 가는 거야. 마법에는 설명할 수도 없고 영원히 설명되지 않을 현상들이 많다는 것에 익숙해져야 해. 신께서는 어떤 방식

들로 어떤 일들을 행하기로 결심한 거고, 그분이 그렇게 하는 이유는 오직 그분만이 아는 비밀이지."

"우리는 이제 세상의 비밀들과 함께 살아가는 능력을 잃어버렸어."

"하지만 여전히 그 비밀들은 우리 눈앞에 있는 걸. 나는 그 비밀들을 들여다보기 위해 마녀가 되고 싶은 거야."

이야기의 흐름을 잡아보자면 브리다는 세상의, 우주의 신비로운 비밀들을 대를 이어 전수해주는 마녀이다. 그리고 브리다는 그 사실을 몰랐던 상태에서 이유는 모르지만 계속 마법에 관심을 가졌던 것이다. 마법이란 세상의 비밀을 전달해주는, 그러니까 보이지 않는 세계와 보이는 세계를 연결해주는 다리이며 이 마법을 전승하는 데에는 태양 전승과 달 전승이 있다. 브리다가 숲으로 찾아간 마법사는 태양 전승의 마스터이며 브리다의 소울메이트이고, 달 전승의 마스터는 서점 주인의 소개로 알게 된 위카이다. 그리고 위카의 도움으로 브리다는 타로카드 세계를 통해 무아지경에 빠져 전생을 여행하는 경험을 한다. 또한, 더블린 남쪽의 숲 속에서는 위카의 지시를 따라 다리를 벌리고 누워 배꼽을 드러내놓고 그 위에 수정 크리스털을 올려놓고 눈을 감아 전생 여행을 다시 떠난다. 그리고는 전생에 자신이 카타르교의 교인이었으며 프랑스 가톨릭 교도들이 이단을 없애겠다는 이유로 일으킨 전쟁에서 사랑하는 남편을 두고 죽게 된 사실을 알게 된다. 한편, 마법사와 마녀 위카는 과거에 전승을 같이 배웠던 동료이자 사랑하는 사이였으나 서로의 소울메이트가 아닌 것을 알고는 헤어졌다. 지금 두 사람은 각각 브리다가 전승을 위한 수련을 마치고 마녀로서의 역할을 잘 감당할 수 있도록 도움을 준다. 마법 의식을 통해 마법사와 브리다는 소울메이트로 연결될 것 같았지만 마법사가 과거 전승을 배울 때 실수를 지은 대가로-마스터는 절대 누군가에게 선택을 강요해서는 안 되는데 강요한 실수- 유배된 채 고독하게 살아갔고 거기서 벗어나게 해준 브리다를 영원히 소유하기 위해 그녀를 그녀의 남자 친구인 로렌스에게 보낸다.

작품의 줄거리를 소개하는 데에 상당한 분량을 할애했다. 그리고 원문을 부분, 부분 그대로 옮기는 방법을 택했다. 작품을 읽어나가면서 느꼈던 당황스럽고 혼란스러운 마음을 나누고 싶었기 때문이다. 무슨 이야기인지를 따라잡기가 쉽지 않았다. 정리한 내용이 맞는 것인지에 대해서도 의문이 든다. 그것은 마법, 마녀, 소울메이트, 전생 등을 다루는 소재의 문제에서 비롯된 것은 아니라고 생각한다. 우리가 알고 있던 세계, 알 수 있는 세계의 이야기가 아니어서 발생한 문제도 아니었다. 비사실적인 이야기, 초자연적인 이야기, 정상적인 이야기와 비정상적인 이야기의 조합은『반지의 제왕』『해리포터』등 다양한 판타지 작품들을 통해 이미 우리는 친숙해 있기 때문에 비사실적인 요소들은 문제가 되지 않는다. 오히려 마법, 마녀 등을 포함하여 영적인 문화에 대해 전통적인 가치와 낭만적 분위기까지 느껴지기도 한다. 그러나 현실에 마법과 주술의 세계를 투영해 자연스럽게 받아들이게 한 것에는 실패했다. 이 작품 나름대로의 내적 논리가 부족하다. 아니, 존재하지 않는다. 그래서 단순하고 단편적인 에피소드들임에도 불구하고 연결이 어색하고 스토리에 몰입이 안 된다. 영성에 대한 이런저런 이야기들도 모호하게 짜깁기한 인상을 준다. 고대 켈트족의 드루이드교, 이단이라 몰리며 가톨릭교에 탄압을 받았던 프랑스의 카타르교, 가톨릭교. 일년에 한 번 마녀들이 박해당한 자매들의 생명을 기억하고자 하는 모임에서 동정녀 마리아에게 드리는 길고 긴 기도의 내용도 개연성이 없다.

모호함은 작품의 배경이나 등장인물들을 설명하는 부분에서도 드러난다. '아일랜드 1983년 8월~1984년 3월' 이라고 서두에서 작품의 시간과 공간의 정보를 밝히고 있지만 그 정보는 정보일 뿐 작품의 흐름과 아무런 연관성이 없다. 작품 말미에 영혼의 눈을 뜬 브리다가 위카의 마스터라는 사람을 만나는 곳의 묘사, '저 멀리 아득한 산들과 거대한 바위가 서 있는 모래사막 한가운데에서' 도 너무 추상적이다. 등장인물들에 대해서도 모호함은 마찬가지이다. 브리다가 스무 살, 회사 비서라는 사실적인 설정이 있기는 하지만 설정에 그쳤을 뿐 작품 전개에는 아무런 영향을 미치지 않으며 더 이상 구체적 진전도 없다. 왜 브리다는 비서라는 설정을, 그녀의 남자 친구는 물리학과 조교라는 설정이 필요했는지?

코엘료는 앞에서 잠깐 살펴본 『연금술사』에서처럼 『브리다』에서도 신비롭고 영적인 분위기 속에서 내면의 영적 탐색과 자아실현을 유도하고 있다. 그러나 참으로 모호하다. 신비스럽다기 보다는 모호하다. 우리 모두는 소울메이트를 찾는 과정에 있으며 소울메이트를 찾는 것은 삶의 신성한 의무라고 생각하는 작가, 그런 작가의 글이기 때문인가? 자아실현이란 무엇일까? 브리다처럼 자신이 마녀인 줄 모르고 있다가 깨닫게 된 것이 자신의 능력과 개성을 찾아 발전시킨 자아실현인가? 브리다는 삶에 관한 질문의 답을 찾고 싶어 마법을 배우고 싶다고 말하지만 삶에 관한 질문이 무엇인지는 밝히고 있지 않다. 삶에 대한 문제의식, 고민이나 성찰도 없으며 어떤 가치를 향한 의지가 있는 것인지 보이지 않는다.

어쩌면 작가는 마법에 대한 낭만적인 향수를 자극하며 독자들 각자가 자기 내면에 보이지 않는 재능을 찾기를 바라고 지친 현실의 삶에서 잠시나마 벗어날 수 있는 즐거움과 위안을 전해주고 싶었는지도 모른다.

다음과 같은 경구에서처럼.

"일단 길을 발견하게 되면 두려워해선 안 되네. 실수를 감당할 용기도 필요해. 실망과 패배감, 좌절은 신께서 길을 드러내 보이는 데 사용하는 도구일세."
"이 세상에 완전히 잘못된 건 없단다. 멈춰서 있는 시계조차도 하루에 두 번은 시간이 맞잖니."

『브리다』가 '왜 2011년 베스트셀러일까?' '많은 독자들이 왜 이 작품을 읽었을까?' 에 대한 의문이 작품을 읽는 내내, 아니 읽고 난 이후에도 계속 되었다. 아쉽게도 베스트셀러, 그러니까 대중적 인기와 작품성은 정비례하지 않는다는 것을 다시 확인하게 된 작품이다.

서지정보
Brida, Paulo Coelho.
『브리다』, 파울로 코엘료 작 , 권미선 옮김, 문학동네, 2010.

김재선
스페인 연극 전공자로 〈다윈의 거북이〉 〈영원한 평화〉 〈하멜린〉 등 스페인 희곡을 번역하여 한국 무대에 소개하고 있다.

빅피처

삶은 거대한 사진의 퍼즐을 맞추는 일

●

임 대 근

『빅픽처』

삶은 거대한 사진의 퍼즐을 맞추는 일

● 임대근

나는 이 소설을 읽으면서 두 군데 밑줄을 그었다. 우선 우리말 번역본의 213쪽 아래서 넷째 줄. "정말 한 순간에 모든 걸 빼앗길 수 있는 게 삶이야. 우리 모두는 그런 순간이 언젠가 다가오겠지 두려워하며 살아가고 있는 거야." 아내 베스와 불륜을 저지른 게리를 죽이고 나와 집으로 돌아가던 벤은 이웃에 사는 척을 만나 당황스러운 상황을 연출한 뒤 혼자 생각에 빠져든다.

또 한 곳은 346쪽의 중간쯤. "나는 사람들에게 드러나지 않은 채 사람들 틈을 떠도는 존재여야 했다. 나는 영원히 그 누구의 눈에도 보이지 않는 존재로 살아야 했다." 자신이 알고 있는 거의 모든 지식을 동원해 스스로 '죽음'을 택하고 게리로 변신한 뒤 몬태나로 떠나 새로운 삶을 선택한 벤은 어느 날 시내를 벗어난 강가에서 얼음낚시를 하고 있던 두 사람의 모습을 몰래 카메라에 담은 뒤 이런 생각에 잠긴다.

사람들은 정말이지 누구나 약한 고리를 가지고 살아가고 있는 중이다.

지금까지 자기가 이루었다고 자신하는 성과들, 업적들, 관계들, 그리고 그것들을 바탕으로 한 조금은 불안하지만 아름다워 보이는 장밋빛 전망들, 어쩌면 지금보다 조금은 더 나은 삶이 펼쳐질지도 모른다는 소시민적 기대들. 하지만 이미 이뤄져 있는 그것들과 앞으로 다가올지도 모를 불안한 아름다움도 어쩌면 한 순간에 모두 빼앗길 수도 있는 게 삶이다. 만일 그런 일이 일어난다면, 우리는 누구나 이미 익숙한 존재들 사이에서 마치 존재하지 않는 것처럼 살아가고 싶을 거다. 하지만 문제는 세상이 그런 우리를 그냥 놔두지는 않는다는 사실이다.

사랑하는 아내의 불륜을 목도하는 일은 비참할 것이다. 그것도 아내가 평소에 그다지 좋게 여기지 않던 이웃집 건달 같은 놈과 놀아나는 일을 직접 확인하는 일은 꽤 아플 것이다. 자기보다 한참 뒤떨어진다고 생각하던 놈을 만나 담판을 짓고자 했으나 실수로 그를 죽이는 일은 한 번도 예상치 못했던 놀라운 일일 것이다. 그러나 두뇌 회전이 빠른 벤은 이제부터 용의주도한 완전범죄를 꿈꾼다. 그리고 그가 실행에 옮긴 완전범죄는 자신이 죽인 게리의 삶으로 벤을 인도한다. 소설은 그렇게 벤이 살아가는 게리의 삶을 그린다.

게리가 된 벤은 몬태나에서 새로운 사랑 앤을 만나 살아간다. 물론 그 과정은 순탄치 않은 것이다. 몬태나 사람들을 찍은 사진들로 전국적으로 유명한 사진가가 되어 버린 벤은 점차 자신의 과거가 다시 세상에 알려지게 되리라는 두려움과 마주한다. 자신의 과거를 이미 눈치 채고 있는 술주정뱅이 기자 루디와의 다툼은 소설이 선보이는 또 하나의 반전이다. 루디의 운전 실수로 인한 추락사는 벤을 게리에서 다시 루디로 태어나게 한다.

소설은 그렇게 치정으로 시작하여 범죄와 추리, 추격과 멜로로 이어진다. 장르와 장르가 뒤바뀌고 뒤얽히는 과정에서 소설이 독자의 손을 떼어놓지 못하게 할 수 있었던 가장 중요한 장치는 속도감이다. 우리말 번역이 훌륭했느냐 여부는 다음 문제다. 이런 장르 혼합 혹은 장르 변환의 방식은 이 소설이 당초부터 강한 대중성을 지향하고 있음을 보여준다. 시드니 셸던과 같은 걸출한 추리 작가의 전통을 보유하고 있는 미국 대중 문단에서 더글러스 케네디는 단일한 장르를 통해 이야기를 구축하기보다는 혼합 장르의 시도를 통해서 대중적 서사를 만들어 감으로써 대중 소설의 한 걸음을 더 내딛는다. 이런 방식, 그러니까 할리우드식 영화 서사의 구축과도 궤를 같이 하는 속도감 있는 이야기 전개는 우리를 소설의 행간 속에 펼쳐지는 스펙터클의 세계로 이끈다. 예컨대 도피 행각을 벌이던 벤이 앤의 숲속 별장에서 화재를 만나 도망치는 장면의 묘사는 마치 곁에 있는 듯한 묘사의 순간으로 우리를 이끈다.

앤이 클러치를 놓았다. 또 한 번 엔진에서 쿨럭 소리가 났고, 엔진이 완전히 작동되는 소리가 이어졌다. […] 차창으로 연기가 스며들어왔다. 숨이 막혔다. 우리 둘 다 검은 재를 뒤집어썼다. […] 연기는 끔찍했다. 독한 냄새 때문에 숨쉬기조차 힘들었다. 천장이 열리는 자동차라, 여기저기에서 바깥 연기가 새어들었다. 앤의 얼굴이 하얗게 질리더니 이를 바드득거리며 냉정을 잃고 허둥대지 않으려고 안간힘을 썼다. […] 커다란 전나무 윗부분이 꺾여 길 위에서 대롱거리고 있었다. […] 나는 도로로 달려가기 시작했다. 젊은 소방관이 재로 얼굴이 까맣게 돼 완전히 질린 채 소방차에 기대서 있었다. 그 소방관 사진을 다섯 장 찍고 나서 검게 변한 나무 두 그루 사이로 보이는 네 명의 소방관 쪽으로 눈길을 돌렸다.

마치 영화의 장면들을 보는 듯한 묘사는 독자의 눈이 소설에서 떠나갈 수 없도록 성공적으로 붙잡아 둔다. 이런 방식으로 이 중년의 작가는 대중화에 성공한다. 그렇다고 소설이 단지 시각적 묘사에만 몰두하고 있는 것은 아니다. 소설 곳곳에는 미국인들의 삶의 방식이 정교하게 배치된다. 죽은 게리로 다시 태어나려는 벤이 활용하는 미국식 제도로서의 사서함 우편은 대표적인 사례 가운데 하나다. 그러고 보니 소설은 그렇게 정교한 묘사와 설명을 통해 미국식 제도를 비꼬고 있는 중이기도 하다. 개인에 의해 여지없이 무너져 버리는 아메리칸 스탠다드에 대한 행간의 비꼼과 풍자 역시 소설을 읽는 재미를 선물한다.

그렇기 때문에 소설의 주인공 벤이라는 인물이 당초에 변호사로 설정된 것은 옳았다. 그리고 그는 자신의 직업에 만족하지 못하며, 어릴 적 꿈을 잊지 못하는 인물이어야 했다. 비록 능력 있는 업무 처리로 승승장구하던 중이었으나, 그의 법률 지식은 자신을 새로운 인물로 재탄생케 하는 데 평생 가장 큰 도움을 주게 됐다. 법률가로서의 삶은 철저히 제도 속에서 기득권을 위해 복무하는 것이었다. 그것은 자신의 선택이 아니라, 아버지의 선택이자, 기득권의 선택이었으며, 제도의 선택이었다. 그 선택을 거부하는 방식으로서 벤의 삶이 변화하는 방향과 방식은 결국 그 전체를 부정하는 일 뿐이었다.

그러므로 제도에 대한 개인의 저항은 자신이 가지고 있던 게리에 대한 이중적 시선, 그러니까 '별 볼일 없는 사진가'에 대한 이중적 시선 속에서 '별 볼일 없는'에 찍혀 있던 방점을 거두고 '사진가'에 이입이 되기 시작하면서 구체화되기 시작한다. 물론 실수이기는 했으나, 순간적으로 벤이 포도주병을 들어 게리를 찍어 내렸다는 것, 그 순간부터 벤은 기존의 제도와 기득권, 그리고 타자에 의한 자신의 삶, 타자로부터 만들어진 주체를 거부하게 되는 것이다.

결국 그렇게 벤은 제도에 대한 저항을 통해 변호사에서 사진가로, 그것도 훌륭한 예술가로 거듭-나게 된다. 중생(重生)과 부활의 삶이 그에게 찾아오는 것이다. 그럼에도 불구하고 인간은 철저하게 제도를 벗어날 수는 없다. 언제나 무엇인가로부터 만들어질 수밖에 없는, 완벽하지 못한 주체의 모습을 누구나 갖고 살아갈 수밖에 없다. 그렇기 때문에 벤은 몬태나로 떠나와 마치 완벽한 것처럼 사진가로서 게리의 삶을 살아왔으나, 자신이 법률가로 살았던 뉴욕의 발신으로부터 벗어날 수 없었고, 어쩔 수 없이 그 발신을 수신하고, 또 응신해야만 했다. 자신의 사진이 전국적으로 이름을 얻고, 사진가 게리로서 새로운 명성을 얻게 됐을 때, 그의 아내 베스가 몬태나까지 그를 보러 달려오는 일은 우리 현대인들의 삶이 싫든 좋든 어쩔 수 없이 관계 속에서 이뤄질 수밖에 없음을 의미한다. 그러므로 현대인들에게 완벽한 중생과 부활이란 있을 수 없는 것이다.

소설은 그런 방식으로 존재의 이중성을 문제 삼는다. 벤과 게리로서, 또 루디로서, 변호사와 사진가로서 살아가는 한 인간의 복잡한 이중성은 주체의 욕망과 세계의 욕망이 갈등하는 지점에서 폭발적으로 드러난다. 그런 이중성을 드러내기 위해 소설은 첫머리부터 벤의 숨겨진 공간을 그렸다. 벤의 "유일한 피난처"로서 지하실 공간이 그것이다. 소설의 화자로서 벤은 말한다. "지하실은 내 유일한 피난처였다. [···]주먹으로 벽을 치고 싶을 때마다 지하실로 내려와 역기를 들며 분노를 씻어내기 때문이었다. 지하실에는 음악 CD도 1,200장 쯤 있다" 지하실은 그렇게 벤의 원초적 욕망을 해결하는 곳이다. 또 한 곳은 암실이다. "내가 밤 시간을 이용해 즐겨 파묻히는 곳은 암실이었다. […] 나는 여섯 살 때부터 카메라를 수집했다. […] 나와 아버지가 카메라를 앞에 두고 대립한 건 그 때가 처음이었다." 어두운 공간들의 배치는 이중적 자아를 드러내기에 충분했다. 벤이 게리를 그의 지하실에서 죽이고, 그 곳 냉장고에 처넣어 꽁꽁 얼려버리는 것도 이중적 자아의 욕망의 발현이라는 맥락에서 이해될 수 있다.

그렇게 기존의 권력과 제도를 부정한 벤은 결국 자신이 어렸을 적 원했던 사진가로서의 삶을 살아가게 된다. 그러나 사진은 세계와 관계 맺고 싶은, 자아의 방식이다. 그러나 그것은 움직이는, 혹은 있는 그대로의 세계가 아니다. 사진은 찰나의 순간에 나머지를 모두 버리고 프레임 안으로만 들어오는 이미지를 남기는 작업, 그것을 세계라고 인식하고 재현하는 일이다. '사진', 즉 현실의 것을 그대로 그려내는(寫眞) 작업을 거듭함으로써 주체는 현상적 관계를 구축하려고 한다. 그러나 그것이 삶이 되기 위해서라면 주체는 현실의 관계들을 구축하지 않으면 안 된다. 사진은 삶을 재현하지만 삶 그 자체는 아니기 때문이다. 즉 게리로서 살아가던 벤의 죽음이 다시 그를 루디로서 중생하게 하는 과정은 현상적 관계 구축의 실패를 뜻한다. 그는 결국 다시 루디로서 중생하는데, 루디는 기자로서 살아가는 중이었다. 그러나 기자의 삶 역시 인간의 삶을 재현하기는 하지만, 삶 자체는 아니기 때문에, 결국 벤의 삶은 다시 가정과 가족이라는 공간과 관계 속으로 돌아올 수밖에 없게 된다.

소설은 어쩌면 "무엇이 진정한 삶인가"라고 묻고 있는지도 모른다. 그러나 그 때 '진정한'이란 말은 너무 낡아버린 수식어일 뿐이다. 결국 소설은 '진정한' 삶이란 없으며, 주어진 삶도 없으며, 오로지 '만들어가는' 삶만이 있다고 말하는 중이다. 삶이란 그렇게 본질적으로 주어진 정답을 찾아가는 일이 아니라, 자신 스스로 '선택' 하고 만들어가는, 구성하는 과정이라고 말하고 있는 것이다. 그러므로 소설의 제목이 '빅 픽처'라고 말할 때, 그것은 '거대한 사진'쯤으로 옮겨질 수 있겠지만, 오히려 나는 그것이 확대된 의미로서의 사진이 아니라, 무수히 많은 사진의 조각들을 가지고 퍼즐을 맞추듯이 새로운 '그림' 을 그려가는 과정일 것이라고 생각한다. 그러므로 이 때 '빅 픽처' 는 '큰 사진' 일 수도 있고, '큰 그림' 일 수도 있는 이중적 의미를 갖고 있는 셈이다. 그러나 어쨌든 인간의 삶이란 세계와의 관계를 벗어날 수 없는 것이다.

서지정보

The Big Picture, Douglas Kennedy.

『빅 피처』, 더글라스 케네디 작, 조동섭 옮김, 밝은세상, 2010.

임대근

한국외국어대학교 대학원 글로벌문화콘텐츠학과 부교수. 중국 영화, 대중문화, 문화콘텐츠에 대한 연구와 강의, 번역 등의 일을 하고 있다. 최근 지은 책으로는 『중국영화의 이해』(공저) 등이 있고, 논문으로는 「한-중 문화갈등의 발생 구조와 대응 방안」 등이 있다.

1Q84

세계의 출구를 찾아서

●

조 주 희

『1Q84』

세계의 출구를 찾아서

● 조주희

무라카미 하루키 작품의 특징 중 하나는 '아리송함' 이다. 읽고 나면 뒤끝이 개운하지 않다. 뭔가 계속 허전하고 뒤통수 맞은 느낌까지 든다. 실제로 하루키 작품에 대한 독후감들이 이렇다. 그런데도 또 신작을 발표했다고 하면 각 서점마다 입구의 가장 눈에 띄는 곳에 즐비하게 전시되는 것이 그의 작품이다. 우리나라에서는 선인세 13억으로 화제를 불러일으킨 최신작 『1Q84』는 전 세계 40여개 언어로 번역, 출간되었고, 일본 국내에서도 출간 10일 만에 100만 부를 돌파하는 기염을 토했다. 도대체 이 작품의 어떤 매력이 그토록 많은 독자를 확보할 수 있었을까.

하루키 자신은 '사람들이 점차 비현실적인 것의 현실성을 이해하고, 받아들이기 시작한 건 아닐까' 라고 말하고 있는데, 바꿔 말하면 앞서 말한 그 '아리송함' 에 독자들이 친숙해졌다는 이야기일 것이다.

이 작품은 하루키의 대부분의 작품이 그러하듯이 홀수와 짝수 장으로 나뉘어, 홀수는 아오마메, 짝수는 덴고를 주인공으로 하여 따로따로 전개되다가 어느 시점에서 교차되는 구성을 하고 있다. 작품의 주제를 한마디로 요약하면 지고지순한 '플라토닉 러브' 라고 할 수 있다. 자그마치 총 3권, 약 2000쪽(원본은 약 1600쪽)에 달하는 이 방대한 소설이 고작 사랑을, 그것도 그 구태의연한 플라토닉 러브를 그리고 있다면 모두 의아해 할 것이다. 하지만 사실이다. 기본 중심축은 20여 년간 헤어져 있던 남녀 주인공 아오마메와 덴고가, 그 사랑을 잊지 못하고 그리워 하다가 드디어 운명적으로 다시 만나게 된다는 내용이다. 여기에 다양한 에피소드들이 첨가되면서, 주제면이나 구성면에서 방대한 작품이 된 것이다. 하루키는 일찍이 『카라마조프의 형제들』 같은 종합소설을 쓰고 싶다고 했는데, 그 실험작이라고 해야 할까, 아무튼 너무나도 다양한 주제들을 다루고 있어서 흥미진진하지만, 구조 자체는 매우 산만해 보인다.

지고지순한 사랑과 프리섹스

『1Q84』는 순정만화 같은 순애보적인 사랑을 그리고 있다. 둘은 초등학교 3학년과 4학년 2년 동안 같은 반이었는데, 당시 아오마메의 부모는 '증인회' 라는 사이비 종교단체의 신자였고, 이로 인해 그녀는 반 아이들에게 따돌림을 당하는 존재였다. 4학년 어느 날 과학 실험 중에 실수를 한 그녀를 같은 반 남자아이가 놀리는 것을 본 덴고는 그녀를 자기 조로 옮기게 해, 실험과정을 설명해 주면서 처음이자 마지막으로 대화를 나눈다. 얼마 후 둘은 손을 잡게 되는데, 이 때 덴고의 눈과 손에 남은 아오마메의 모습과 감촉은 덴고의 마음속에 영원한 사랑으로 각인된다.

그녀는 뭔가를 결심한 듯이 빠른 걸음으로 교실을 가로질러 덴고에게 다가 와 옆에 섰다. 그리고 망설임 없이 덴고의 손을 잡았다. […] 덴고는 그녀의 눈동자에서 지금까지 한 번도 본 적 없는 투명한 깊이를 보았다.

소녀는 한동안 말없이 그의 손을 꽉 잡고 있었다. 몹시 세게. 한순간도 힘을 늦추는 일 없이.

이 장면에서 인상적인 것은 손을 잡는 행위의 주체가 아오마메라는 점이다. 아오마메를 곤궁에서 구해준 것은 덴고이지만, 결정적으로 둘 사이의 사랑과 직결된 기억은 아오마메에 의해 행해지고 있다는 것, 이것은 이 작품의 주인공이 둘이지만 결정적으로 주도권은 아오마메 쪽에 있음을 암시하고 있다. 하루키 자신도 이 작품을 '열 살 아오마메의 기분으로 써 보고 싶었고' 특히 '여성의 느낌과 생각을 파고들어 써 보고 싶었다' 고 밝힘으로써 이 작품을 여성의 시점으로 그리고자 노력했음을 알 수 있다.

또 한 가지 눈에 띄는 점은 아오마메의 직업인데, 하루키 작품의 여자 주인공으로서는 처음으로 스포츠 클럽 강사이면서 살인청부업자라는 캐릭터로 등장한다. 게다가 스타일도 굉장히 터프하고 얼굴 모양 또한 예사롭지 않다. 키는 168센티미터, 군살은 거의 없고, 모든 근육은 단련되어 있다. 양쪽 귀와 가슴의 모양과 크기가 상당히 다르고, 작고 갸름한 코, 약간 도드라진 광대뼈와 넓은 이마, 길고 직선적인 눈썹을 가지고 있다. 가장 인상적인 것은 얼굴을 찡그리면 얼굴 근육이 각기 다른 방향으로 당겨져 좌우 비대칭이 극단적으로 강조되어, 눈 깜짝할 사이에 완전히 다른 사람이 된다는 것이다. 이런 주인공은 라이트 노벨(일본의 중고등학교 남학생을 대상으로 한 삽화가 들어간 만화풍의 소설)이나 애니메이션에 등장할 법하지 않은가. 하루키 소설의 트레이드마크였던 청초하고 단정한 여성의 이미지가 이 작품에 와서는 완전히 전복되어, 악당을 물리치는 여전사가 세상을 구원하는 메시아로 등장한다. 급변하는 세상에 맞추어 하루키도 좀 더 강하고 터프한 여성을 좋아하게 된 것일까.

아오마메와 덴고는 열 살 때 이후 다시 재회하는 일도 없이 각자의 세계에서 살아가는데, 마음속으로 결코 상대를 잊지 않고 그것만이 유일한 자신의 사랑이라 굳게 믿는다. 이 부분에 대해 현실적으로 전혀 설득력이 없다는 비판이 우세하지만, 아무튼 하루키는 그런 사랑 또한 존재한다는 19세기적인 혹은 고전적인 사랑의 도식을 믿고 싶어 하는 것 같다.

그런데 재미있는 것은, 이 두 사람이 그렇게 서로를 잊지 못하면서도, 현실적으로는 성에 대해 굉장히 개방적이고 자유분방하다는 사실이다. 아오마메는 상당히 특이하게도 큰 일(살인)을 마치고 나면 술집에서 남자를 유혹해 하룻밤 질펀하게 육체적 관계를 갖고 싶은 충동에 휩싸이고, 실제로 반복적으로 그 일을 행한다. 이러한 모순에 대한 그녀의 생각은, 현직 경찰이면서 아오마메와 같이 남자 헌팅을 즐기는 아유미와의 다음 대화에 잘 드러난다.

"하지만 그렇게까지 그 사람이 좋은데도 다른 남자하고 섹스하는 건 별로 상관없다는 거네. 스물여섯 살 이후부터이긴 하지만."
아오마메는 잠시 생각했다. 그러고는 말했다. "그건 그저 스쳐 지나가는 일이니까. 뒤에 아무 것도 남지 않아."

아오마메의 마지막 대사를 보면, 성관계에 있어서 정신과 육체를 분리시키고 있고, 섹스 또한 물건과 마찬가지로 가볍게 소비되고 있음을 알 수 있다. 이러한 사고방식은 아무리 봐도 (전통적인 관점에서) 여성적이라기보다는 남성적인 이미지에 가깝게 느껴진다. 자유분방한 섹스라이프에 대한 자기변명 같아 보이기는 하지만, 어떻게 보면 이 점은 덴고의 변명보다는 더 멋져 보인다.

즉 덴고 또한 아오마메를 평생 잊지 못하고 있지만, 그와는 별개로 열 살 연상의 유부녀(야스다 교코)와 정기적으로 관계를 갖는다. 연상의 유부녀는 하루키 작품에서는 꽤 낯익은 설정인데, 『1Q84』에서는 유부녀와 사귀는 이유에 대해 좀 더 명확히 밝히고 있다. 결론적으로는 '책임' 을 지지 않아도 된다는 것이다. 즉 그가 연하의 여성과 관계를 할 때 느끼는 '다양한 책임' 을, 연상의 걸프렌드와 할 때는 전혀 느끼지 않아도 되고, 또한 항상 여자에게 리드되고, 자신은 일체의 선택이나 판단할 필요가 없기 때문이라고 설명하고 있다.

그런데 이 여성을 매개로 어머니에 대한 덴고의 최초의 기억—덴고가 한 살 반 정도일 때, 침대에 누워 있는 자신의 옆에서, 어머니가 (지금의) 아버지가 아닌 다른 남자에게 젖꼭지를 빨리고 있는 장면—이 재생되고 있고, 그 장면 속의 어머니는 아이러니하게도 덴고에게 모성보다는 이성에 가까운 감정으로 느껴지고 있음을 알 수 있다. 실제로 덴고는 자신의 최초의 기억 속의 장면을 그대로 재현하기 위해, 그 기억 속에서 어머니가 입었던 것과 똑같은 하얀 블라우스와 하얀 슬립을 연상의 걸프렌드에게 입고 오게 한 후, 그 남자가 하는 것과 똑같이 따라하다가 관계도 맺기 전에 사정해 버린다. 이 장면에서 연상의 걸프렌드는 덴고의 어머니와 오버랩되고 있는데, 다른 한편으로는 『해변의 카프카』에서도 자주 비판받았던 근친상간에 대한 열망 또한 엿보인다.

이 작품 내에서 가장 큰 문제 중의 하나는 덴고와 열일곱 살 후카에리와의 성관계 장면이다. 둘은 고마쓰라는 편집자의 제안으로, 후카에리의 작품 『공기번데기』를 덴고가 리라이팅(rewriting) 작업을 통해 다듬어 문예지의 신인상을 수상하도록 도우면서 모종의 비밀스런 관계가 시작된다. 덴고 자신은 후카에리가 자신의 집에 벗어 놓은 파자마의 냄

새를 맡으며, 그녀에게서도 어머니를 느끼고자 했던 건 아닐까 하고 고백하지만, 사실은 어느 정도 성적인 열망이 투영되어 있음을 알 수 있다. 그녀와 덴고의 성관계 장면이 왜 이 작품에 절실하게 필요한 건지 도저히 이해가 안 가지만, 아무튼 천둥치는 날 '액막이'를 위해 후카에리가 시키는 대로 덴고는 그녀와 관계를 갖는다. 그 관계 장면의 적나라함과 그녀의 성기에 관한 묘사는 리얼하다 못해 민망할 정도로 생생하며, 하루키는 덴고가 소녀 강간범이 아님을 재확인시켜 주기 위해, 여러 차례에 걸쳐 덴고의 몸이 자신의 의지대로 움직여지지 않는다는 사실을 변명처럼 늘어놓고 있다. 그런 무기력한 덴고의 모습은 그의 다른 행동들과 비교할 때, 너무 앞뒤가 맞지 않고, 후카에리는 이 장면에서 성인보다 능숙하게, 천천히, 덴고를 리드하면서 관계를 이끌어 간다.

연하와의 관계에서는 자신이 리드하고 책임질 일이 많아 싫다던 덴고는, 열일곱 살 소녀와의 관계에서도 여전히 리드당하면서, 압도적인 힘에 짓눌려 저항 한 번 못하고 당(?)하고 만다. 오히려 당당한 건 후카에리 쪽. 임신을 걱정하는 덴고를 보고 한 마디 날리는 것이 압권이다. '걱정할 거 없어요.' '나는 임신하지 않아요. 내게는 생리가 없으니까.' 이 대사가 삽입된 이유는 소녀강간에 대한 비판을 잠재우기 위해서인가? 아니면 임신할 가능성이 없는 소녀와는 관계를 해도 된다는 논리인가?

아무튼 수학신동에 건장한 체격의 유도 선수 출신의 덴고가 성관계에 있어서만은 아이처럼 수동적이기만 한 것을 어떻게 해석해야 할지 모르겠다. 미즈코시 마키는 덴고를 '참치남(성관계시 죽은 참치처럼 아무 것도 안하고 누워있는 남자를 말함)'에 비유한다. 히라이 켄은 이런 장면이 'B급 포르노'와 다를 바 없지만, 하루키는 이 부분을 포함시킴으로써 남자들까지도 자신의 작품세계에 끌어들이는 데 성공했다고 분석한다.

하루키 자신은 '섹슈얼한 장면은 많이 있다. 싫어하는 사람이 있을지 모르지만 이야기에는 필요한 장면이다.' 라고 설명하고 있는데, 아무튼 덴고와 후카에리의 관계는 그대로 아오마메가 처녀 수태를 하는 장면으로 이어지면서, 아오마메와 덴고가 후카에리를 매개로 간접적으로 관계를 갖고, 아오마메는 덴고의 아이를 갖게 된다는 다소 억지스런 설정으로 이어진다.

21세기의 '아버지 죽이기'

하루키는 그동안 '아버지 없는 세상' 을 그려왔다. 『바람의 노래를 들어라』에서는 구두로만 존재하는 상징적인 아버지가 등장했고, 『양을 둘러싼 모험』 이후로는 아버지의 재혼 등으로 인해 관계가 단절된 상태가 이어지다가 『신의 아이들은 춤춘다』에서는 대립하는 아버지가, 『해변의 카프카』에서는 아들에게 저주를 퍼붓는 아버지가 각기 등장하지만, 실제적으로 이야기 속에 모습을 드러내지는 않고, 주인공의 독백 속에만 존재해 왔다. 그마저도 『해변의 카프카』에서는 비록 꿈이라는 우회로를 통해서이긴 하지만, 열다섯 살 카프카에 의해 그 아버지는 살해되고 만다. 하루키는 이전 작품들과는 달리 최신작 『1Q84』에서는 아버지를 전면에 내세우면서 그러한 아버지들에게 상처받은 아이들이 어떻게 살아가야 하는가 하는 문제에 정면으로 도전하고 있다.

이 작품에서도 이전 작품들과 마찬가지로 아버지는 살해되거나 죽음으로써 작품 속에서 소거되어 버리는 구조는 같다. 다만 그 아버지가 자식과 교류를 한다는 데 의미가 있다고 할 수 있다. 즉 살아있는 아버지가, 자기 자식에게 직접적으로 무언가 행위를 한다는 것 — 물론 거의 모든 아버지가 나쁜 아버지이긴 하지만 —, 이 자체가 하루키 작품의 변화라고 할 수 있을 것이다.

컬트 종교집단인 '선구'의 리더 후카다 다모쓰는 딸 후카에리를 강간하고, 덴고의 아버지는 NHK수금원으로 일하며 일요일이면 덴고를 데리고 수금하러 다니고, 아오마메의 부모는 '여호와의 증인'을 모델로 한 '증인회'라는 사이비 종교집단의 신자로, 부조리한 교리에 맹목적인 복종을 요구한다. 결국 후카에리와 아오마메는 집을 나와서 부모와의 관계를 끊어 버리지만, 덴고는 가출했다가 다시 집으로 들어간다. 아오마메에게 살인을 청부하는 버드나무 저택의 노부인의 딸과, 아오마메의 고등학교 시절 단짝친구인 다마키는 남편의 폭력을 견디지 못하고 자살하고, 아유미는 어린 시절 삼촌과 오빠에게 성추행을 당한 경험이 있다. 이들의 공통점은 부모나 남편이라는 권력자에게 희생당하는 자식과 부인이라는 약자들인데, 하루키는 이전 작품에서도 사회의 권력자나 시스템에 저항감을 표출하긴 했지만, 이 작품에서는 특히 여성의 성폭력이나 가정 내 폭력 문제에 관심을 갖고 이에 대해 문제제기를 하고 있다는 것을 알 수 있다.

다만 한 가지 마음에 걸리는 것은 '선구'의 리더 후카다 다모쓰가 강간한 그녀의 딸 후카에리나, 열 살 남짓의 어린 여자아이들과의 관계이다. 먼저 '선구'라는 단체는 '옴진리교'(1995년 3월 20일 도쿄 지하철에서 독가스인 사린(sarin)을 유포하여 승객과 직원 12명이 사망하고 5,510명에게 중경상을 입힌 종교단체. 교주는 아사하라 쇼코)와 '야마기시회'(1953년에 설립된 농업과 목축을 기반으로 하여 유토피아를 지향하는 공동체)를 모델로 하고 있는데, 리더(혹은 교주) 자체만을 본다면 『1Q84』쪽이 훨씬 멋지게 설정되어 있다. '옴진리교'의 교주인 '아사하라 쇼코'는 작은 키, 두 쪽 다 시력을 상실한 눈, 길고 치렁치렁한 머리와 수염으로, 인도 요가 수행자 같은 모습이라고 한다면, 『1Q84』

의 후카다 다모쓰는 학생 시절 마르크스주의를 신봉했고, 대학에 근무했으며, 큰 키에 반듯한 코, 깨끗이 면도된 수염, 카리스마를 겸비한 '정밀하고 지적인' 분위기의 인물로 그려져 있다. 실제로는 와세다대학 교수를 사직하고 '야마기시회'에 입회한 '니지마 아쓰요시'를 모델로 하고 있다고 알려져 있다.

후카다 다모쓰와 아사하라 쇼코의 공통점이라면 여자 신도와의 관계 정도라고 할까. 선구의 리더인 후카다 다모쓰는 열 살 남짓의 여아를 선호하고, 아사하라 쇼코는 부인 이외에 6명 남짓의 애인이 있었는데, 제2 샤티암(샤티암(Satyam)이란 본래 산스크리스트어로 '진리'를 뜻하는 말인데, 옴진리교에서는 집단촌 내부시설의 명칭으로 사용되었으며, 총 12개의 샤티암이 있다. 제2 샤티암은 당초에는 아사하라 쇼코의 가족들이 살고 있었지만, 나중에는 애인들의 거주지가 되었다)에 그들을 거주시키며 교주의 은혜라는 명목으로 관계를 가진 것으로 알려져 있다. 양쪽 눈이 거의 실명 상태인데, 눈이 안 보이는 것 치고는 미인을 잘 가려내, 마음에 드는 여성은 출가시켜 자신의 애인으로 만들었다는 일화는 유명하다.

이야기가 샛길로 빠졌는데, 다시 '선구'의 리더로 돌아가자. 그의 이야기에 따르면 그는 정기적으로 격렬한 통증을 수반하는 고통에 시달렸는데, 그 때가 되면 온몸의 근육은 경직되고, 거의 마비상태로 누워있게 된다. 그러는 동안에도 발기는 계속되는데 자신은 감각도 성욕도 없지만 사정은 하고, 이러한 상태를 여자들은 '하늘에서 내려주신 은총이고 일종의 신성한 상황'이라고 여기며, 리더의 후계자를 잉태하기 위해 자신과 관계를 갖는 것이라고 설명한다. 자신이 성폭행한—리더는 이것을 교접했다고 표현한다— 자신의 딸 후카에리나 쓰바사는 실체가 아닌 관념의 산물일 뿐이라고 한다.

아오마메는 '버드나무 저택' 의 노부인이 세이프 하우스에서 보호하고 있는 열 살짜리 소녀 쓰바사를 성폭행한 것이 이 리더이고, 그래서 리더를 없애라는 지령을 받고 제거하러 간다. 하지만 리더와 대화를 하다가 자신도 모르게 점차 리더를 이해하고 존경심까지 품게 되고, 종국에는 리더 자신이 아오마메의 손에 죽기를 원하는데도 쉽게 죽이지 못한다. 이 부분에서 이 종교단체 교주를 향한 하루키의 관용적인 태도를 읽어낼 수 있다. 이러한 태도는 이 작품의 배경이 되고 있는 『언더그라운드』를 보면 쉽게 알 수 있다. 이 작품은 1995년 '옴진리교' 가 일으킨 '지하철 사린 사건' 의 피해자 62명을 인터뷰한 인터뷰집인데, 하루키는 피해자들과 인터뷰하면서 그들의 아픔을 느낌과 동시에, 범인들의 재판을 방청하면서 그들에게도 동정과 연민의 시선을 보낸다. 특히 사형선고를 받게 되는 '하야시 야스오' 라는 인물에 대해서는 매우 복잡한 심경을 토로하고 있다. 그리고 이러한 경험이 『1Q84』의 리더에 대한 태도, 나아가 '악' 에 대한 태도에도 간접적으로 영향을 미치고 있음을 알 수 있다.

처음 의도는 「리더=소녀 강간범」으로 설정하고, 이를 말살하려는 노부인과 아오마메는 정의의 사자로 그리다가, 갑자기 어느 부분에서인가 이 경계선이 무너지면서 독자들 또한 리더에게 매료되어 버리게 된다. 심지어 리더를 죽일 때 망설이는 아오마메를 보며 동화되기까지 한다. 이런 부분에서 뭔가 뒤섞인 듯한 느낌이 들면서 애매한 작가의 태도와 그 의도를 다시 한 번 되새겨 보게 된다. 결국 하루키는 이 세상은 선과 악이 대립하고 있고, 악은 반드시 처벌돼야 한다고 생각하지만, 무엇이 선이고 무엇이 악인지를 구분하는 잣대는 모호하다고 말하고 있는 것은 아닐까.

다음으로 덴고의 아버지를 보자. 앞에서도 잠깐 언급했지만 덴고의 아버지는 NHK수금원이고, 어머니는 덴고를 낳은 지 몇 달 만에 병으로 사망한 것으로 설정되어 있지만, 덴고는 자신의 최초의 기억 속에서 어머니가 지금의 아버지가 아닌 다른 남자와 관계를 갖는 환영을 목격하고, 자신과 살고 있는 아버지가 생물학상의 아버지가 아닐 것이라고 단정한다. 여기서 NHK 수금원인 아버지라는 설정 또한 새롭다. 실생활 감각이 묻어 있는 직업도 그렇고, 그 아버지의 모습 또한 굉장히 세밀하게 묘사되어 있다.

덴고의 아버지는 종전되던 해에 만주에서 무일푼으로 귀환해, 도쿄 암시장에서 장사도 하고, 목수를 따라다니다가, 친척의 권유로 NHK 수금원이 된다. 소설의 현재 시점에서 아버지는 NHK를 퇴직하고 얼마 후 치매에 걸려, 지금은 지바의 지쿠라에 있는 요양센터에 입원해 있다. 말하자면 덴고의 아버지는 하루키의 아버지 세대의 인물이고, 실제로 하루키의 아버지도 교토대학 재학 중에 중국으로 파병 나갔던 경험이 있었던 것 등으로 미루어, 시대적인 배경을 같이 하고 있음을 알 수 있다.

바로 이런 하루키의 사적인 경험이 덴고의 아버지에 투영되어 있다는 점에서 그의 등장은 많은 점을 시사하고 있다고 할 수 있다. 잘 알려진 사실이지만 하루키는 철저하게 베일에 가려진 인물로 절대로 프라이버시를 공개하지 않는 것으로 유명하다. 특히 일본 국내에서는 작품에 관한 인터뷰만 하는 정도이고, 자신의 사생활, 특히 가족문제에 관해서는 철저하게 함구해 왔다. 그런데 가끔 외국 잡지와의 인터뷰 중에 자기도 모르게 그만 아버지와의 에피소드를 언급하거나 하는데, 그중에는 굉장히 놀라운 사실도 몇 가지 포함되어 있다. 예를 들면 하루키의 아버지는 자신의 중국 파병 경험을 어린 하루키에게 자주, 그리고 반복적으로 들려줬다고 한다. 이런 하루키의 에피소드를 인터뷰했던 제이 루빈 씨의 글을 인용해 보자.

"그 이야기가 어떤 것이었는지는 잘 기억나지 않는다. 목격담이었을지도 모르겠다. 아니면 직접 자기 손으로 한 일인지도 모르겠다. 아무튼 슬펐던 게 기억난다." ...... "어쩌면 그것 때문에 아직도 중국요리를 못 먹는 걸지도 모르겠다."

아버지께 중국에 관한 일을 더 물어보지 그랬냐고 내가 물었다. "물어보고 싶지 않았다"라고 그는 말했다. "아버지로서도 마음의 상처임에 틀림없다. 그러니까 나에게도 마음의 상처인 거다. 아버지와는 사이가 별로 좋지 않다. 아이를 만들지 않는 것도 그 때문일지도 모른다."

다시 말해, 어린 시절 자주 들었던 아버지의 전쟁 체험담은 그 내용이 뭔지는 잘 기억나지는 않지만—엄밀하게는 말하고 싶지 않지만—, 슬픈 내용이었고—엄밀하게는 대단히 충격적인 이야기였고—, 그 때문에 중국요리(예를 들면 라면과 만두)도 못 먹고—중국 음식만 보면 그 장면이 떠올라 토할 것 같아서—, 또한 불편한 아버지와의 관계 때문에 자신 또한 그런 불편한 부자관계를 다시 만들고 싶지 않아 아이를 갖지 않게 됐다는 이야기이다. 그 내용이란 아마도 『태엽감는 새 연대기』 속에 등장하는 마미야 중위의 체험담이나, 아카사카 너츠메그의 아버지가 신경(新京)의 동물원에서 겪은 중국인 포로와 관련된 에피소드와 비슷한 내용이 아닐까?

또한 중학교 국어교사였던 하루키의 아버지는 하루키가 초등학교 6학년이 됐을 무렵부터 일본의 에피소드에 고전을 무리하게 읽도록 시켰는데, 그 이후 아버지에 대한 반발로 일본어로 쓰인 것은 신문조차 보지 않게 되었다. 성인이 된 후에도 두 가지 큰 사건이 있었다. 하나는 하루키가 와세다 대학 재학 중인 스물두 살 때 요코 부인과 학생결혼을 하는데, 이 때 부모의 반대가 아주 심했고, 또 하나 대학을 졸업하기도 전에—참고로 하루키는 7년 만에 대학을 졸업한다—재즈카페를 하겠다고 부모에게 돈을 빌려달라고 했는데, 그 이후는 거의 관계가 단절(어쩌면 의절일지도)된 것으로 알려져 있다. 두 사람의 결혼에 대해 하루키의 아버지가 얼마나 완고했는지는 그 당시 고베의 부모님께 인사를 드리러 갔던 요코 부인이 극도의 긴장으로 그 다음 날 아침 잠자리에서 눈을 뜬 채 근육이 마비되어 움직이지 못했다는 에피소드를 보면 알 수 있을 것이다.

그러던 하루키가 2009년 2월에 있었던 '예루살렘상' 시상식에서, 공개석상에서는 처음으로 아버지에 대해 입을 열게 된 것이다. 물론 그 전 해인 2008년 8월에 하루키의 아버지 무라카미 지아키 씨는 90세를 일기로 세상을 떠난다.

『1Q84』는 원래 원고지 5000매 정도의 분량이었는데, 집필 중에 아버지가 죽고, 이런 사안이 맞물리면서 길어졌다고 보는 견해들이 많다. 즉 하루키가 자신의 아버지에 대한 복잡한 심경을 이 책에 반영시켰다는 이야기일 것이다. 다음 장면의 덴고의 대사에서, 아버지를 보내는 하루키의 마음을 읽어내는 것은 지나친 감상일까?

"아버지." 덴고는 불렀다. "실제로는 아버지가 아닐지도 모르지만 그렇게 부를게요. 달리 어떻게 불러야 할지 모르겠으니까. 솔직히 말해 지금까지 아버지를 별로 좋아하지 않았어요. 오히려 많은 경우, 미워했을 거에요. 그건 아시죠?

"나는 누군가를 싫어하고 미워하고 원망하면서 살아가는 데 지쳤어요.

아무도 사랑하지 못하고 살아가는 데도 지쳤어요. 내게는 친구가 없어요. 단 한 사람도. 그리고 무엇보다 나 자신조차 사랑하지 못해요. 왜 나 자신을 사랑하지 못하는가. 그건 타인을 사랑하지 못하기 때문이에요. 사람은 누군가를 사랑하고 그리고 누군가에게 사랑을 받고, 그런 행위를 통해 나 자신을 사랑하는 방법을 아는 거예요. 내가 하는 말, 알아들어요? 누군가를 사랑하지도 못하면서 자신을 올바르게 사랑할 수는 없어요. 아니, 그게 아버지 탓이라는 게 아니에요. 생각해보면 아버지도 역시 그런 피해자 중 한 사람이었는지도 모르죠. 아버지도 아마 자기 자신을 사랑하는 법을 잘 몰랐을 거예요. 안 그래요?"

아마 이 작품을 계기로 하루키 작품 내의 아버지 또한 변화되어 갈 것이다. 하지만 언제나 예상을 뒤엎는 작가이다 보니 일이 어떻게 전개될지는 아무도 장담하지 못하지만. 아무튼 『1Q84』에서 유일하게 덴고가 자신의 감정을 솔직하게 털어놓는 이 독백체의 문장은 작가가 상당히 몰입한 흔적이 느껴진다. 아버지는 이 작품에서 마찬가지로 소거되지만, 남아 있는 덴고는 아버지의 일부를 가진 채 살아간다는 것을 인정하고, 아버지의 죽음을 인정한 후에 아오마메를 맞을 준비를 하게 된다.

하루키적인 악의 소거법

또 한 가지 이 작품에서 가장 큰 변화는 아이라는 종적관계의 성립이다. 그동안 하루키는 아버지뿐만 아니라 아이마저도 부정해 왔는데, 드디어 자신의 아이—엄밀하게는 아오마메가 수태한 아이—를 인정하게 된다. 하루키가 그린 작품 세계에 임신한 여성이라는 관점은 처음이다. 상처 난 자궁에 대한 두려움 때문인지, 아니면 자신을 닮은 아이를 낳고, 그 피가 유전된다는 유전에 대한 두려움 때문인지 그는 줄곧 아이에 대해 부정적이었고, 특히 임신은 애써 피해왔다.

『노르웨이의 숲』에서 레이코는 와타나베와 관계를 가지며 임신을 걱정하고, 『태엽감는 새 연대기』에서는 철저한 피임에도 불구하고 임신한 구미코를 보며 도루는 극도로 불안해한다. 하지만 『1Q84』의 덴고는 아오마메가 자신의 아이를 수태했다는 것에는 조금의 의심도 품지 않고, 마지막에는 "너희 둘은 아무에게도 넘겨주지 않아. 무슨 일이 있어도."하며 자기가 사랑하는 여인과 그 아이를 지키겠다는 결심을 확고히 한다. 즉 임신과 아이를 현실적으로 인정하고 받아들이게 됐다는 것이다. 그리고 이 사실은 스물아홉의 덴고가 드디어 서른이 될 충분한 자격을 갖게 됐고, 자신의 아이를 지키겠다는 책임감 또한 생겼다는 점이 이 작품의 커다란 변화라고 할 수 있다. 그동안 하루키는 작품 속에서 남자주인공의 성숙과 성장을 주로 다루어 왔는데, 성장과정을 그리고는 있지만 모두 성장하지 못한 채, 언제나 '모태회귀' 상태로 작품이 끝나고 있어, '반성장소설' 이라는 비판 또한 적지 않았다.

모든 관점에서 볼 때 이 작품이 지향하는 바는 너무 넓고 포괄적인 것 같다. 하지만 확실한 것은 하루키가 육십을 넘으면서 주인공도 어느 정도 성숙해 졌고, 서른을 맞이하는 남녀 주인공들의 사랑이 결국은 아이라는 종적인 유대관계를 통해 완성된다는 것을 어느 정도 인정한 듯이 보인다.

이 작품이 발표된 뒤 『1Q84』에 대한 연구서는 물밀듯이 밀려나와 과포화상태이다. 모두가 뭔가를 이야기하고 싶어 난리이다. 이런 와중에도 하루키 자신은 별로 말이 없다. 거창하게 작품을 해설하지도 않거니와, 속편에 대한 언급은 더더구나 없다. 일본 국내에서는 그러한 작가의 다문 입을 대신해 연일 여러 가지 설이 쏟아지고 있다. 재미있는 것은 '버드나무 저택' 의 노부인이 덴고의 친어머니라는 설, 선구의 리더가 덴고의 생물학적 아버지이고, 따라서 「BOOK0」—현재 『1Q84』은 「BOOK1」~「BOOK3」까지 출간되어 있는데, 작품 시점이 1984년 4월~12월까지로 되어 있어, 후속편이 나온다고 해도 그 뒷이야기를 다루려면, 제목 자체가 『1Q85』와 같이 연도가 바뀌어야 하기 때문에, 아마 비어 있는 1984년 1월~3월의 이야기가 「BOOK0」라는 타이틀로 발표될 가능성이 크다는 설이 지배적이다.—에는 덴고와 리더의 이야기가 전개될 것이라는 등 여러 가지 예측이 나오고 있다.

중요한 것은 이 작품에서 하루키가 지향하는 정의는 과연 무엇일까 하는 점이다. 아오마메는 살인을 하고, 덴고는 17세 소녀와 관계를 맺고, 노부인은 살인을 교사하고, 노부인의 보디가드 다마루는 아오마메를 쫓는 우시카와를 살해한다. 악을 처벌하기 위해서라면 불법도 괜찮다는 것인지, 정의를 실현하는 방법에 있어 작가가 지향하는 바는 무엇인지 심히 걱정이 된다. 하루키의 소설이 사회현상이 될 만큼 그 영향력이 지대하기 때문이다. 그리고 어쩌면 수단과 방법을 가리지 않고 악은 소거돼야 하며, 정의는 구현되어야 한다는 극단적 정의론이 고개를 들지 않을까 우려되는 바이다. 물론 속수무책으로 악에 당하면서도 어쩌지 못하는 소시민에게 있어, 아이스픽(얼음송곳)으로 악당을 제거하는 아오마메야 말로 정의의 사자이고, 약자들을 대신해 주는 홍길동 같은 존재임은 두말 할 나위도 없을 것이다. 그리고 무엇보다 피 한 방울 흘리지 않고 깨끗하게 악을 소거하는 방법 또한 하루키적이다. 터프하고 쿨하게.

서른 살에 작가로 데뷔한 하루키는 올해로 등단 33년을 맞고 있다. 그의 작품의 주인공이 30대를 넘지 않는 것은 작가의 대단한 의지이기도 하다. 동년배를 그리지 않는 이유는 아마도 작가 자신이 늙고 싶지 않다는 열망 때문인 것 같다. 이제 조금씩 성숙해져 가는 하루키의 주인공이 급변하는 21세기에 악과 정의롭게 맞서는 방법은 과연 무엇인지, 혼돈의 '1Q84' 년의 출구는 어디에 있는지, 그에 대한 해답을 제시하는 것이 앞으로 30년을 준비하는 하루키의 과제가 될 것이다.

서지정보
『1Q84』(「BOOK1」「BOOK2」「BOOK3」), *村上春樹.*
『1Q84』(「BOOK1」「BOOK2」「BOOK3」), 무라카미 하루키 작, 양윤옥 옮김, 문학동네, 2009.

조주희
성신여자대학교 졸업 후 한국외국어대학교와 칸사이 대학에서 일본현대문학으로 박사학위를 받았다. 저서로는 『무라카미 하루키 문학연구』와 『무라카미 하루키와 소설의 현재』(공저, 일본 출간) 등이 있으며, 현재 성신여자대학교 인문과학연구소 연구원과, 한양여자대학교 일본어통번역학과 겸임교수로 재직 중이다.

사라진 소녀들

정신분석학으로 읽다

●

정 도 언

『사라진 소녀들』

정신분석학으로 읽다

● 정도언

1

책을 읽는 방식은 다양하다. 정신분석가인 나는 독일 작가 안드레아스 빙켈만의 세 번째 장편소설, 『사라진 소녀들』을 정신분석학적인 시각에서 읽었다. 심리스릴러에 속하는 이 소설은 번역이 좋아 우리말 소설처럼 읽힌다. 목차는 프롤로그, 1부, 2부, 3부, 에필로그, 저자의 말 등으로 단순해 내용을 감추면서 호기심을 유발한다.

소설의 흐름은 정신분석 과정처럼 표피로부터 심층으로 진행된다. 관음증(觀淫症, voyeurism: 몰래 엿보는 데서 성적 쾌감을 느끼고 흔히 자위행위가 동반되는 성도착증)과 소아성애증(小兒性愛症, pedophilia: 어린이를 성적 대상으로 집착하는 성도착증)을 다루고 있으나 깊이 들어가면 소설의 주제는 인간이 지닌 취약성, 광기, 원천적 공포에 관한 것이다. 소설에는 독거미, 공격하는 뱀, 도망 다니는 쥐가 등장해 독자의 오감과 상상을 자극하는데 이것들은 우리 모두가 지닌 무의식에 숨어있는 충동들을 상징한다.

다양한 장르 중에서 작가는 어떻게 해서 심리스릴러를 쓰기로 했을까? 작가는 어려서부터 무서운 이야기를 좋아했다. 무서운 이야기를 좋아하거나 쓰는 것은 공포로부터 자신을 지키기 위해 공포를 역으로 이용하는 것(counter-phobic defense)이다. 어린 아이들이 부모에게 무서운 이야기를 자꾸 해달라고 조르는 것은 무서움을 이기기 위한 것이다. 작가가 외딴 집에 사는 것도 두려움에 대한 작가의 대처법이다. 그러니 그는 앞으로도 심리스릴러를 계속 쓸 수밖에 없을 것이다. 그에게는 두려움에 대한 '자기 분석적 철저 작업'(self-analytic working-through)이 필요하기 때문이다. 마치 정신분석을 받는 피분석자가 과거의 정신적 외상을 분석가에게 되풀이해 말하듯이.

『사라진 소녀들』에는 마음의 움직임을 읽는 장치들이 곳곳에 숨겨져 있다. 그래서 흥미롭다. 작가는 세상을 마음으로 읽으려는 의지와 능력을 지니고 있다. 그는 "인간의 마음이 세상을 지옥으로 만드는데..."라고 말한다. 더 나아가 그는 "원래 하나인 것을 하나가 되게 만들었고, 따라서 모든 것에 대한 책임을 진다"는 말로 분열되어 논의되는 인간의 실체를 통합시켜 하나로 보겠다는 의지를 표현한다. 인간이란 누구에게나 나쁜 점과 좋은 점이 혼재되어 있는 존재이다. 그러니 소설 속 인물들을 선과 악이라는 양극단으로 나누기보다는 우리 마음에 선과 악이 공존하고 있음을 인정하며 읽기를 작가는 권하고 있다.

작가에게 인생은 술래잡기이다. 술래잡기 주제는 책에서 되풀이된다. "꼭꼭 숨어, 어차피 난 널 찾게 될거야... 내 시선을 피할 수는 없어..." 꼭꼭 숨어도 어차피 찾아낸다는 것은 인간이 지닌 근본적인 무력함(helplessness)을 상징한다. 술래잡기는 숨는 행위와 찾는 행위의 순환이다. 범인이 시각 장애가 있는 소녀들을 납치해 벌이는 범죄 행위도 술래잡기이다. 납치된 소녀들은 강요된 술래잡기에 시달리고 고통을 받는다. 막스와 프란치스카가 만나 관계가 깊어지는 과정도 술래잡기이다. 막스와 프란치스카가 범인을 찾아내고 사라진 소녀들을 되찾는 것도 술래잡기에 속한다.

범인은 관음증과 소아성애증이라는 성 도착증을 앓고 있다. 성적인 주제는 이미 프롤로그에서 소녀의 행동과 범인의 상상이 뒤섞여 제시된다. "그네가 앞뒤로 힘차게 움직일 때마다 그네의 거친 밧줄이 벚나무 가지 속으로 점점 더 깊이 파고들었다. 그네가 움직일 때마다 내는 삐걱거리는 소리가…" 앞뒤 운동의 반복과 마찰로 인한 소리는 성행위를 상징한다. "달콤한 무중력 상태를 만끽"하는 것은 극치감, 오르가즘을 느끼는 것이다. "그 느낌에 완전히 도취되어 어지러워지자 소녀는 그네가 저절로 멈출 때까지 가만히 있었다."는 성행위 후의 나른한 탈진상태를 말한다. 인생에서 경험하는 쾌감은 달콤하면서도 위험하다. 흔들리는 그네는 불안과 공포를 미리 알린다. 눈먼 소녀, 지나는 결국 흔들리는 그네에 이마를 부딪치고 쓰러진다. 그네 타는 지나를 훔쳐보며 성적 충동을 느낀 범인은 자위행위를 한다. 지나의 입과 코를 막은 납치범의 손에서 느껴지는 "비릿한 생선 냄새와 맛"은 막 자위행위를 끝낸 자의 손에 묻은 정액의 냄새와 맛일 것이다.

지나가 다시 가족에게 돌아올 수 있을까? 그네의 의미는 다중적(多重的)이다. 그네 타기는 갔다가 다시 제자리로 돌아오는 게임이다. 그네 타기는 정신분석에서 이야기하는 '하기'(doing), '원상태로 돌리기'(undoing)의 짝과 같다. 작가가 두려움을 다루는 방식은 공포와 희망의 조합이다. 나는 그네 부분에서 이미 납치된 소녀가 살아 돌아 올 것으로 추측했다. 읽는 재미가 줄어들지는 않았다.

작가는 영리하다. 과도하고 지속적인 공포가 독자를 놀라게 하고, 놀란 독자는 떠난다는 점을 알고 있다. 작가는 살짝 보여주는 희망의 실마리를 통해 독자가 감당할 수 없을 정도의 공포에만 사로잡혀 책 읽기를 포기하는 것을 예방한다. 공포 소설이 성공하려면 읽으면서 두려워하고, 두렵지만 계속 읽도록 해야 한다. 공포의 수준을 올리고 내리고, 내리고 올리기를 잘 조절해야 한다. 그네 타기와 같이 짜릿짜릿해야 한다.

10년 후 또 한 명의 10살, 시각 장애, 빨간 머리, 주근깨, 창백한 피부의 소녀인 사라가 납치된다. 범인이 소녀의 방을 지켜보는 장소인 어두운 숲은 두려움의 대상이 아니고 관음증을 위한 안전장치이다. 불 밝힌 소녀의 창문을 보며 그는 자위행위를 한다. 부엉이 울음이 그를 조롱하며 놀라게 한다. 부엉이는 초자아(superego)이다. 잠시 멈칫하지만 양심과 도덕의 눈은 곧 힘을 잃는다. 그는 불안을 달래기 위해 강박적으로, "카드 가장자리가 완벽하게 일치되어 포개지도록" 카드를 정렬한다. 강박적 정렬 행위는 그가 하려는 일이 비난받을 일이며 안전하게 끝나지 않을지도 모른다는 불안이 의식으로 올라오는 것을 막는다. 그는 사라의 납치에 성공한다.

빨간 머리 누이동생 지나는 헤비급 권투 유럽 챔피언 막스에게 과거이자 현재이며 피할 수 없는 존재이다. 지나의 손이 어깨에 올려진 느낌은 유대감으로 이어진다. 유대감은 고통이자, 위안이자, 살아가는 힘이다. 생생하게 들리는 지나의 말, "세상에서 가장 안전한 곳은 오빠 뒤야!"는 마법으로 작용해 막스 자신이 무적이라는 생각이 들게 한다.

강력반 여형사 프란치스카 고틀로프는 아마추어 권투선수와 사귀다가 헤어진 사람이다. 그녀 역시 빨간 머리이다. 전립선암에 걸려 치료 중인 아버지는 평생 필요한 말만 하는 사람이라 고민이 있어도 아버지와 의논할 수 없다. 프란치스카는 정서적 유대를 맺을 사람을 절실하게 원하고 있다.

납치된 사라는 낯선 세상에서 나체로 깨어났다가 극도의 공포심에서 울면서 다시 잠 속으로 빠져든다. 아이는 잠이라는 퇴행(regression)을 통해 현실의 고통과 불안에서 도피한다.

2

프란치스카의 등장과 함께 소설은 범인의 세계 속으로 독자를 한층 깊게 인도한다. 범인의 어머니는 질투, 시기, 증오로 꽉 차 있는 억센 여자로 범인의 마음에 새겨져 있다. 상처를 주는 야비한 말을 자주 하고 같은 음식을 늘 내놓아 질리게 한다. 의심이 많은 어머니에게 속마음을 들키지 않으려면 범인은 늘 긴장해야 한다. 어머니는 아들에게 따뜻한 말을 하기 보다는 외모를 흉보거나 여자와 서둘러 결혼하라는 말을 입에 달고 산다. 한 평생을 가게를 위해 살며 아들의 무능력함을 늘 비판해 온 아버지는 이제 늙고 병이 들어 기저귀를 차고 휠체어에 앉아 지낸다. 범인은 가게를 파산시켜 아버지에게 복수할 생각을 한다. "이젠 당신이 원하든 원치 않든 내 말을 들어야 해요." 범인에게는 명령하는 자와 복종하는 자의 역할이 바뀐 상황(role reversal)이 즐겁다. 그는 부모나 세상 어느 누구도 자신을 이해할 수 없다고 믿으며 분풀이의 기회를 엿본다.

프란치스카 형사는 범인을 추적하면서 분석 중인 정신분석가처럼 관찰자(observer)이자 참여자(participant)가 된다. 숲의 같은 자리에 앉아 동일한 시각으로 사라의 방을 쳐다보며 범인의 심중을 이해하려는 그녀의 시도는 분석에서 공감(empathy)을 활용하는 것과 같다. 그녀는 세 가지 관점에서 사건을 바라본다.

1. 객관적인 제3자로서의 자신의 관점.
2. 범인의 관점.
3. 희생자의 관점.

이러한 세 가지 관점은 프로이트의 구조 이론(structural theory)에서 이야기하는 자아(ego), 이드(id), 초자아 각각의 관점이다. 범인의 자아는 이드, 초자아, 현실 간의 중재자로서의 현실 판단을 제대로 할 수 있는 힘을 잃었으며, 이드는 성 도착증적 욕망에 물들어 과도하게 팽창되어 있고, 초자아는 법과 도덕을 지키기에는 너무 위축되어 있다.

막스는 지나의 실종 당시 16살 청소년이었다. 청소년의 발달 과제는 부모로부터 벗어나 정체성(identity)을 확립하는 것이다. 이를 정신분석학에서는 세 살 무렵 일어나는 것에 이어 제2의 분리-개별화(separation-individuation)라고 한다. 막스는 세상에 나가 친구들과 어울리고 이성 친구를 사귀어야 하지만 아버지는 그런 막스를 독립적인 인간으로 이해하지 못한다. 아버지는 풍채만 당당한 성격 파탄자로서 회사에서 쫓겨나 실업자가 된 후 늘 술에 찌들어 지내고 버드나무 가지로 막스를 때리는 사람이다. 아버지를 대신해 돈을 버는 어머니는 눈이 안 보이는 딸 지나와 같이 있을 수 없다. 청소년 막스는 부모에 의해 지나의 보호자 역할을 강요받는다. 독립하려는 꿈과 종속될 수밖에 없는 현실은 갈등을 일으키고 충돌한다. 지나의 실종은 갈등의 정점으로 이어진다.

막스에게 지나의 실종은 내적으로는 악몽, 무력감, 두려움, 수치심이고 외적으로는 아버지의 폭력과 어머니의 비난을 의미한다. 부모는 죄책감을 느끼지 않으려는 방어책으로 막스의 무책임함과 실수를 계속 추궁한다. 막스의 어깨는 날로 늘어가는 죄책감의 무게에 휘청거린다. 훗날의 이야기에서 '어깨' 는 막스의 중요한 신체 부위로 등장한다.

상처에 소금 뿌리는 아버지를 죽이고 싶은 충동에서 막스가 벗어나는 유일한 방법은 가출이다. 하지만 가출 후의 삶은 해방된 장소가 아니라 과거 기억과의 결투장이 된다. 그에게 달리기는 기억과 벌이는 싸움이다. 그는 결국 날로 쌓이는 분노와 죄책감을 다스리기 위해 복싱 클럽을 찾아 간다. 그에게 복싱 코치, 레더는 때리고 괴롭히며 징벌하는 아버지(punitive father figure)가 아닌 자신을 보살피고 지켜주는 아버지를 상징한다. 성공한 프로 권투선수, 유럽 헤비급 챔피언의 당당한 모습을 보이는 막스의 내면에는 어린 여동생을 제대로 돌보지 못한 어린 소년이 여전히 남아 있다. 죄책감을 안고 살아가는 그에게 권투는 절망과 싸우기, 희망이 보이지 않는 절망적인 싸움이다.

막스는 왜 많은 운동 중에 권투를 직업으로 택했을까? 취미가 아닌 직업으로 권투를 한다는 것은 쉬운 선택이 아니다. 프로 권투선수의 삶은 때리는 것과 맞는 것, 그러기 위해 매일 자신의 몸을 대장간의 쇳덩어리처럼 뜨거운 불에 달구는 것이다. 때리는 것은 복수이지만 고통을 참으며 몸을 달구고 상대의 주먹이 자신을 때리도록 허용하는 것은 죄책감을 덜어내기 위해 벌을 받는 행위이다.

소설의 중심축 중 하나는 막스와 프란치스카의 만남이다. 여형사 프란치스카는 최소 178cm, 창백한 피부, 말랐으며 빨간 곱슬머리의 여성이다. 막스가 잃어버린 지나의 모습, 빨간 머리, 창백한 피부와 겹친다. 막스는 다른 여성과 달리 프란치스카에게는 긴장하지 않고 그녀의 눈을 들여다보며 이야기할 수 있다. 막스의 성인 '웅게마흐'는 재난, 불행, 불쾌, 불편을 의미한다. 프란치스카의 성 '고틀로프'는 고맙다, 황송하다는 뜻이다. 프란치스카는 막스에게 불행과 정신적 외상에서 벗어나기 위한 길이 된다. 흥미롭게도 프란치스카의 아버지는 추리 소설을 써서 그런대로 먹고사는 작가이니 '구원의 환상'(rescue fantasy) 뒤에는 작가가 숨어 있다. 프란치스카의 어머니는 독일어와 수학을 가르치는 선생님이어서 세탁소에서 일하는 막스의 어머니와 다르다. 막스에게 프란치스카의 부모는 자신의 부모와 대비되는 '이상화된 부모상'(idealized parental figures)이다.

프란치스카는 막스의 삶에 갑자기 등장한다. 눈먼 소녀 사라의 실종 사건으로 인해. 그녀에게 눈먼 소녀가 실종된 사건은 자신의 삶 일부를 상징하는 사건으로 다가온다. "눈이 멀어" 오래 사귀었던 권투 선수와 헤어진 이후 잃어버린 자신의 삶은 사건으로 전이(transference)되어 살아 움직인다. 사라의 실종 사건이 시간이 지나면 대충 몇 장의 보고서로 종결할 일이 아닌, 애태우며 해결해야 하는 삶의 과제가 되어버린 것이다.

범인 에두아르트 자우터는 40대 중반의 크고, 앙상하고, 수염이 덥수룩한 남자로 두꺼운 안경을 쓴다. 폐쇄적인 그에게는 친구도, 여자 친구도 없다. 자신이 싫어하는 아버지와 마찬가지로 늘 가게만 지키고 동물들만 돌보며 살았다. 범인은 학창시절에 한 거짓말까지도 아직 기억하는, 집요하게 자기를 아직 붙들고 있는 어머니를 증오한다. 그는 어머니가 화물차에 치여 죽었으면 좋겠다는 생각을 한다. 그는 어머니의 호통, 비난, 지시가 두렵다. 어머니의 무시무시하고 적의를 품은 그 눈빛이 무섭다. 어머니가 만나자고 하면 초조해진다. 어머니는 범인에게 거세불안(castrating fear)을 불러일으킨다. 불안을 방어하기 위한 방법으로 그에게는 카드를 강박적으로 정돈하는 버릇이 생겼다. 카드 정돈을 통해 그는 수동적인 희생자에서 능동적인 사냥꾼으로 변신한다.

범인은 어린 시절 토끼들을 막대기로 괴롭히다가 들켰던 적이 있는데 그 때 부모에게 아무리 빌고 애원하고 잘못했다고 말해도 소용이 없었다. 어머니가 엄한 눈초리로 지켜보는 가운데 아버지는 그를 지하 벙커에 가두어버렸다. "재미 삼아 생명체를 괴롭히면 안 돼!"라는 말을 던지며. 어두운 세계에 갇혔다는 것은 자신이 괴롭히던 토끼와 같이 괴롭힘을 당하는 존재가 되어버린 것이고 압도적으로 두려운 경험이었을 것이다. 시각장애가 있는 소녀들을 납치해 어둡고 밀폐되고 위험한 공간에 가두는 행위는 피해자에서 벗어나 가해자인 아버지의 위치로 자신을 전환시켜 자신이 어려서 경험했던 두려움을 극복하고자 하는 노력이다. '공격자와의 동일화'(identification with aggressor)를 통해 그는 "재미 삼아 생명체를 괴롭혀도 되는" 위치로 자신을 끌어올렸다.

범인은 자신을 감시하고 마음대로 부리고 힘들게 하는 어머니와 그녀의 스파이들이 도처에 있다고 믿는다. 궁지에 몰렸다고 느낀 그는 판을 새로 짜기로 결심한다. 자신이 주도하는 삶을 살겠다는 명분을 내세우며 그는 결국 어머니는 시드니 깔때기 그물거미의 독으로, 아버지는 자동차 배기가스를 이용한 이산화탄소 중독으로 살해한다.

막스가 세월이 오래 흐른 뒤에 만난 아버지는 술을 끊고 어머니를 돌보는 사람이다. 어머니는 휠체어 신세를 지며 일주일에 세 번씩 혈액투석을 받아야 한다. 다리 하나는 이미 절단되었고 나머지 하나도 절단 예정이다. 막스는 결국 깨닫는다. 자신이 너무 아버지와 비슷하다는 것을. 분노와 자존심 때문에 아버지에게 잘못을 덮어씌우는 것은 옳지 않았음을 인지하고 수치심을 느낀다.

범인의 계략에 속아 지하실로 추락해 다치고 독거미에 물린 프란치스카는 아버지와 막스를 위해 살아 있어야 했다. 어렸을 때부터 아주 강한 소녀인 그녀는 전립선암에 걸려 인생에서 가장 힘든 싸움을 벌이고 있는 아버지 때문에라도 그 자리에선 절대로 죽을 수 없었다.

에두아르트 자우터가 범인이다. 막스는 지난 10년간 바로 이 순간을 기다려 왔다. 10년 동안 그는 지나의 실종과 아무 상관없는 엉뚱한 사람들에게 자신의 분노를 표출해 왔다. 막스는 사라를 구출한다. 그리고 자우터를 숲란 숲으로, 지나를 납치한 범죄의 현장으로 추적한다. 추적은 현재이지만 이야기는 그네와 같이 다시 과거로 돌아가고 막스는 과거를 되돌릴 기회를 가진다. 지나는 구출된다.

막스의 어깨에 올려진 지나의 손은 정신적 유대감으로 늘 존재해 왔다. 그 손은 그에게 언제나 가장 큰 보호 장치였고 특히 결정적인 순간에 중대한 실수를 저지르지 않도록 막아주었다. 그 손은 막스에게 어린 아이들이 엄마의 존재 대신 마음의 안정을 얻는 담요, 인형과 같은 '과도기 대상(중간 대상)' (transitional object)이었다. 이제 정신적 외상의 노예 상태에 묶여 있던 지나와 막스는 아무리 깊은 상처도 회복될 것 같은 희망으로 삶의 방향을 돌리게 된다.

3

지그문트 프로이트가 창시한 정신분석학은 의학, 심리학은 물론이고 인문학, 사회학 등 여러 분야에 깊은 영향을 주었다. 문학도 예외가 아니다. 프로이트 이후 나온 소설들에는 알게 모르게 심리적인 기제들이 배치되어 있다. 사람이 등장하는 소설이라면 마음의 움직임에 대한 기술이 빠질 수 없고 마음을 기술하기 위해서는 정신분석학과 같은 심층심리학의 요소가 들어갈 수밖에 없다. 그러니 소설을 읽는 여러 방법 중에 하나가 정신분석학적 독해가 될 것이다.

정신분석의 출발은 자유 연상이다. 소설의 텍스트는 정신분석에서 피분석자가 생산해내는 자유 연상과 같다. 분석가는 소설의 텍스트를 연상 자료와 같은 방식으로 읽어낸다. 읽기 작업은 텍스트에 한정되지 않는다. 텍스트 자체에 대한 분석가 자신의 연상이 텍스트를 확장시킨다. 물론 같은 소설을 읽어도 분석가 A가 읽은 내용과 분석가 B가 읽어낸 내용은 다를 것이다. 소설을 읽는 과정에서 A의 마음과 B의 마음에 담기게 되는 내용이 각자의 개인사나 분석가로서의 경험에 따라 차이가 나기 때문이다. 정신분석적 소설 읽기는 정신분석 과정에서 분석가가 이루어내는 해석과 같다. 피분석자가 자유 연상한 바의 의미를 분석가가 해석을 통해 피분석자에게 되돌려 주듯이 독서를 통해 책을 이해한 바를 되돌려주는 것이 정신분석학적 읽기가 될 것이다.

범인의 진단은? 흔히 하는 것처럼 '정신병질자' (psychopath) 같은 진단을 그에게 내리고 우리와는 다른 사람으로 밀어내버리는 것이 의미가 있을까? 작가는 범인 역시 어려서 정신적 외상을 받은 사람으로 써내려 간다. 그는 토끼를 괴롭혔다가 아버지에 의해 컴컴하고 폐쇄된 공간에 갇혀서 생존이 위협받고 자아가 붕괴될 정도의 고통에 시달렸다. 자아가 충분히 발달하지 못한 어린아이가 그런 일을 경험하면 마음에 흔적이 평생 남는다.

범인은 실패자로 자란다. 실패자의 환상은 정복자를 꿈꾼다. 아버지가 병으로 쓰러지고 가업을 물려받으면서 그는 환상을 구체적인 현실로 만들어 나간다. 집요하게. 집요하다는 것은 무의식의 욕구가 만족되기 때문에 그리하는 것이다. 욕구가 만족될 수 있다면 객관적으로 손해를 보거나 불리해지거나 윤리, 도덕, 법에 반해도 아무 상관이 없다. 그의 자아는 통합된 자아가 아니고 실패자와 정복자 두 가지로 분명하게 분리되어 양립한다. 실패자 쪽 자아가 정복자 쪽을 조금이라도 훼손하는 것을 철저하게 막기 위해 분리(splitting)의 방어벽은 높고 견고하다.

범인에게 자신의 아버지 어머니 역시 통합된 대상들이 아니다. 어느 누구의 어머니 아버지도 완벽한 사람일 수는 없다. 좋은 점도 있고 나쁜 점도 있는 인간으로서의 한계를 지닌 사람들이다. 그것이 건강하고 성숙한 어른이 부모를 자신의 마음에 대상으로서 보존하는 방식이다. 그러나 범인에게는 아버지 어머니 각각 모두, 두 종류의 분리된 대상으로 존재한다. 나쁜 아버지와 좋은 아버지는 방어의 벽으로 분리되어 있다. 나쁜 어머니와 좋은 어머니 역시 그러하다. 범인이 죽인 아버지와 어머니는 나쁜 아버지와 나쁜 어머니일 뿐이다. 좋은 아버지와 좋은 어머니에 대한 소망은 사라지지 않았다. 그러니 그에게 부모를 죽인 일은 살인이 아닌 그저 '완벽한 계획' 일 뿐이다. 그가 저지른 끔찍한 일은 그에게 그가 소망하는 좋은 아버지, 좋은 어머니가 나쁜 아버지, 나쁜 어머니에 의해 오염되는 것을 차단하려는 시도였을 뿐이다.

막스는 아버지를 잃는다. 사라는 구출된다. 범인은 잡힌다. 지나는 돌아온다. 프란치스카는 죽음의 문턱에서 다시 살아와 막스를 만난다. 새로운 가족이 탄생한다. 작가는 이 소설에서 가족의 가치를 명료하게 강조한다. 그는 "제가 지금까지 영적인 건강을 유지하고 있는 것은 온전히 가족 덕분. 그들이 제 머릿속에 자리 잡은 광기 외에 저의 일상생활을 책임지고 있습니다."라고 말한다.

"눈이 먼다"는 것은 시각 장애만을 뜻하지 않는다. 무의식에 눈이 먼 것이 때로는 인간의 광기로 표현된다. 무의식의 움직임에 둔감하다면 우리 모두 다 조금씩 눈이 먼 것이다.

서지정보

Blinder Instinkt, Andreas Winkelmann.

『사라진 소녀들』, 안드레아스 빙켈만 작, 서유리 옮김, 웅진씽크빅, 2011.

정도언

현재 서울대학교 의과대학 정신과 교수로 재직 중이며, 미국 샌디에고 정신분석연구소에서 공부했고, 국내 최초의 프로이트 학파 정신분석가이며 2011년 국제정신분석학회에 의해 〈교육 및 수련 분석가〉 자격을 인증 받은 바 있다. 국제정신분석학회 산하 한국정신분석연구학회 회장을 맡고 있으며 『프로이트의 의자』의 저자이다.

카산드라의 거울

베르나르 베르베르의 '미래' 교육 프로젝트

●

이 채 영

『카산드라의 거울』

베르나르 베르베르의 '미래' 교육 프로젝트

● 이채영

연말이나 새해가 되면, 많은 사람들은 신년운수나 토정비결을 본다. 새롭게 다가오는 해, 과연 나의 미래는 어떠할까에 대한 궁금증이 아마도 이런 행동을 하게 하는 것일 것이다. 아이가 태어나면 부모는 어떤 이름을 그 아이에게 지어줄까 고민을 한다. 평생 동안 불리게 될 이름이기에 중요하기도 하지만, 그 이름에 담은 의미처럼 아이가 살아가길 바라는 부모의 바람을 잘 표현하고 싶기 때문일 것이다. 특별히 좋은 해라고 하는 해에, 좋은 때라고 하는 때 아이를 낳음으로써 좋은 생시(生時)를 갖게 해주고 싶어 하는 부모들을 언론보도를 통해 만나게 될 때 극성스러워 보이기까지 하는 그들을 그래도 이해할 수 있는 것은 녹록치 않을 삶을 살아갈 아이에게 마치 축복을 빌어주듯 좋은 삶에 대한 기운을 주고 싶은 부모의 마음을 이해할 수 있기 때문이다. 살다가 어려운 일이 생기면 소위 점쟁이라고 하는 사람이나 사주를 보는 사람들을 찾아가고 싶어지는 것도 자신의 앞날을 알 수 없는 나약한 인간이기에 갖는 미래에 대한 궁금증, 다시 말해 도대체 '나의 삶이 어떻게 될까', '나에게 무슨 일이 일어날까'에 대한 궁금함 때문이며, 알 수 없는 미래에 대해 어떤 시원한 답을 듣고 싶은 기대감 때문일 거다. 많은 순간 우리는 '나에게 무슨 일이 일어날까?' 생각한다. 지금 나에게 무슨 일이 일어나고 있는지를 냉철히 생각하기보다는, '내일 나에게 무슨 일이 일어날까'가 더 큰 관심의 대상이 되는 경우가 많다. "프랑스 국민 중 75%는 미래를 두려워하고, 62%는 생각조차 하기 싫어한다"는 작가의 인용을 굳이 언급하지 않더라도 우리가 미래를 생각하면서 설레어 하기 보다는 두려워하는 경향을 더 많이 보이는 것도 사실이다. 베르나르 베르베르의 『카산드라의 거울 1, 2』는 이러한 인간적인 현실에서 출발하는 책이다.

기대감만큼이나 두려움도 많이 느끼는 미래지만, 그렇다고 해서 우리가 미래에 대해 전혀 생각지 않고 살아갈 수 있는 것은 아니다. 아무리 두렵다고 해도 우리가 삶을 이어가기 위해서는 최소한의 미래가 필요하기 때문이다. 그렇기에 사는 동안 우리가 '예견하는' 혹은 '보게 되는' 미래에 대해 우리가 갖는 태도는 굉장히 중요하다. 만약 우리가 미래를 볼 수 있는 능력을 가지고 있다면 우리는 무엇을 할까? 게다가 우리가 보게 되는 미래를 아무도 믿지 않는다면? 베르나르 베르베르가 이 책에 그리스 신화 속의 카산드라와 오늘날 우리 시대를 살아가는 현대의 카산드라를 등장시키며 우리에게 던지는 질문은 바로 이것이다. 미래를 볼 수 있는 능력을 부여받았지만 아무도 그 예언을 믿지 않도록 운명지어진 신화 속의 여신 카산드라처럼, 현대의 카산드라는 부모가 지어준 자신의 이름이 예언하듯 미래를 보는 능력을 가지고 있지만 아무도 그녀의 말을 믿으려 않는다. 이러한 카산드라의 신화와 현실은 오늘날 우리가 미래를 대하는, 미래를 바라보는 태도와 맞물려 있다.

이 책에서 작가는 우리가 미래를 직접 볼 수는 없지만 현재를 통해 미래를 예측할 수 있다고 말한다.

"대부분의 사람들이 미래를 〈예감〉하지. 즉 미래를 느끼고 있어. 이 능력은 주의력의 한 형태지. 문제는 사람들이 자신의 예감을 믿지 않는다는 사실이야. 그래서 예감을 진지하게 고려하지 않지. 그래서 어떤 문제가 발생하면, 그들은 마치 이런 일이 일어날 줄 꿈에도 몰랐다는 듯, 깜짝 놀라는 모습을 보이는 거야."

실제로 우리는 '미래'를 예감하는 순간, 두려움에 '설마'하며 예측되는 미래를 수수방관하는 경우가 많다. 그러나 베르나르 베르베르가 현대의 카산드라를 통해 우리에게 이야기하는 것은 일관적이다.

"미래는 돌에 새겨져 있지 않아. 우리는 의지만으로도 미래를 다시 쓸 수 있어."

그녀가 차고 있는 '5초 후에 죽을 확률'을 알려주는 시계, 프로바빌리스는 '의지'로 '미래를 다시 쓰는' 우리 삶의 시계와 다르지 않다. 프로바빌리스에 표시되는 숫자는 죽을 확률로, 카산드라로 하여금 죽을 수도 있는 미래에 대해 감지하게 한다. 그리고 죽을 확률이 50% 이상이 되면 무조건 뛴다는 그녀의 원칙은 '어떤 상황이 예측되면 무조건 행동해야 한다'는 단순하지만 가장 중요한 삶의 원리를 이야기하는 것이기도 하다. 5초 후 죽는다는 것을 알게 되는 순간 무조건 행동하는 카산드라를 통해 베르나르 베르베르는 다가올 죽음을 예견하는 순간 삶을 대하는 태도가 가장 확연하게 달라지는 인간의 모습을 보여주며, 우리로 하여금 그 절실한 순간처럼 미래를 대해야 한다고 이야기하고 있는 것이다. 그렇기에 이 책에서 죽을 확률이 높아지고 있다는 것이 감지되는 순간 가장 적극적으로 행동하여 마침내 죽을 운명에서 벗어나는 카산드라의 모습이 반복되는 것은 우리가 어떻게 예측하고 행동하느냐에 따라 우리 또한 우리 자신의 미래를 바꿀 수 있음을 계속해서 각인시키는 작가의 세뇌(洗腦) 교육과 다름 아니다.

예측되는 상황에 대해 판단하고 적극적으로 행동하는 것은 저자가 '미래'를 이야기하는 데 있어 핵심 화두이다. 그리고 이는 카산드라가 미래의 법정에 서게 되는 꿈을 통해서도 다시금 강조된다. 미래의 법정에 서 있는 카산드라는 파리를 거대한 쓰레기 하치장과 다름없이 만들었을 뿐만 아니라 자원을 낭비한 이기적 세대의 대표로서 기소되어 있고, 군중은 그녀를 '사형시키라!'고 외쳐댄다. 카산드라의 죄목은 미래를 볼 줄 아는 예지자로서 이러한 끔찍한 모습을 예측했음에도 불구하고 세상이 그렇게 되도록 가만히 놔 둔 죄이다. 알면서도 방관한 죄, 예측했음에도 불구하고 움직여 이를 막지 않은 죄 말이다. 사실, 일어난 부정적인 문제에 대해 이야기할 때 그것만큼 큰 죄는 없을 것이다. 따라서 카산드라가 후손들에게 물려준 미래의 모습에 대해 책임을 추궁당하는 모습은 오늘날 우리가 얼마만큼의 책임의식을 가지고 세상을 살고 있는가에 대한 작가의 질타이기도 한 것이다.

이 책은 사회로부터 버림받은 혹은 스스로 사회를 등진 네 명의 노숙자들의 공간인 쓰레기 하치장을 중심으로 파리의 곳곳을 넘나들며 현대 문명이 만들어낸 문제들을 통해 인류의 삶의 방식을 은유하고, 서서히 동지가 되어가는 그들에게 의지하여 예측된 재앙을 막으려고 노력하는 카산드라의 온갖 극적 모험들과 미래에 대한 상상으로 이루어져 있다. 그래서 그들의 모험과 상상력을 따라가다 보면 독자인 우리 또한 그들이 초대하는 모험의 세계로 빠져들어 공간 여행을 넘어 미래와 과거 현재를 넘나드는 시간 여행을 하게 된다. 미지의 세계에 대해 꿈꾸던 사람들이 공간 여행을 생각해낸 이후, SF 영화나 소설을 통해 상상하던 우주 여행을 실현하거나 상상력에 바탕을 둔 시간 차원의 여행이 허용된 지 이미 오래다. 하지만, 상상을 통한 여행으로 독자들을 이끌었던 19세기 작가 쥘 베른(Jules Verne)의 계보를 잇는 작가로 일컬어지기도 하는 베르나르 베르베르가 21세기를 살아가는 우리를 초대한 이번 여행이 이제까지의 미래 여행들과 사뭇 다른 점은 '만약 ~라면'이 허용하는 '미래'의 시간 여행이 철저하게 '현재'에 기반을 둔다는 것이다. 오늘날 우리가 어떻게 현재를 살아내느냐에 따라 상이하게 달라질 긍정적 미래와 부정적 미래에 대한 동시 여행, 이것이 우리가 카산드라와 함께 하게 되는 시간 여행이다. 무엇보다 작가는 '보지만 주의 깊게 보지 않고, 듣지만 귀 기울여 듣지 않으며, 알지만 진정으로 깨닫지 않는 우리'이기에 인물들로 하여금 현재가 만들어낸 비관적인 미래를 가정해 봄으로써 우리가 살고 있는 현재를 돌아보게 한다. 하지만, 반성하고 깨달아야 하는 여행에 이어 작가는 지친 우리를 낙관적인 미래로의 여행으로 인도하는 것을 잊지 않는다.

"어떤 괜찮은 미래가 존재하기 위해서는 최소한 한 사람이라도 어느 순간 그것을 상상해야만 해. 우리가 있는 이 미래는 […] 지금 네가 상상하고 있는 미래지이지. 우리가 이 미래를 관찰하고 즐기면서 더 오래 머물수록 이 미래의 존재 가능성은 커지게 돼. 이 꿈이 네 정신 속에 나타났다는 사실만으로도, 이 미래의 존재 확률은 벌써 1.3%에서 1.4%로 올라왔지. 관찰자는 자신이 관찰하는 것을 변화시키는 법이야. 심지어는 꿈속에서도."

사실, '상상력'이 있었기에 인류는 진보했고 발전해 왔다. 하지만 우리는 그러한 상상력이 개인을, 사회를 그리고 인류를 변화시킬 수 있었던 씨앗이라는 것을 나이를 먹어가면서, 눈에 보이는 눈앞의 현실에 얽매이게 되면서 잊고 지내게 되는 것 같다. 상상하고 있는 미래를 관찰하고 즐기면서 그 미래에 대해 더 많이 생각할수록 그 미래의 존재 가능성은 커지게 되며, 상상하는 미래가 어떤 방향으로 나아갈지 힘을 실어주는 것은 다른 것이 아닌 바로 우리의 행동 하나 하나라는 것을 신화 속의 카산드라와 현대의 카산드라와의 대화를 통해 이야기하며 베르나르 베르베르는 상상력과 행동의 중요성을 다시금 강조한다.

그러나 과연 우리는 어떻게 상상력을 작동시켜야 할까? 작가는 상상력에 익숙하지 않은 우리가 어떻게 상상력을 사용해야 하는지를 알려주기 위해 〈상상력 사용법〉을 구체적으로 제시하는 것 또한 잊지 않는다. 잃어버린 과거를 찾아가는 과정에서 카산드라는 장관이었던 자신의 아버지가 아무도 관심을 갖지 않고 알기를 두려워하는 '미래' 에 대한 대비가 필요하다는 신념을 가지고 〈미래 전망부〉를 만들었다는 것을 알게 되고, 이 〈미래 전망부〉는 자신의 과거를 알게 된 카산드라와 사회에서 소외된 그의 친구들을 통해 〈비공식 미래 전망부〉로 다시 태어나게 된다. 이 〈비공식 미래 전망부〉에서 김예빈(김)이 재구성하여 보여주는 〈가능성의 나무 맛보기 판〉은 어떻게 우리가 상상력을 증가시킬 수 있는지를 구체적으로 보여주고 연습해 보게 하는 시뮬레이션이다. 먼저 카산드라와 그의 친구들은 김이 이끄는 대로 사방팔방으로 뻗은 굵은 가지들을 가진 거대한 나무에 달린 잎사귀 수만큼 '만약' 을 가정하고, 그 가정들을 단기적, 중기적, 장기적 가정으로 분류하여 서로 연결할 수 있는 방법을 찾아낸다. 다음으로는 그 가정에 따라 장차 일어나리라고 직관적으로 느껴지는 것들을 표현해 보는데, 이 과정에서 그들은 각자 부정적인 미래, 긍정적인 미래를 상상해 봄으로써 현재의 문제를 보게 된다. 여기에서 가장 중요한 것은 긍정적인 미래도, 부정적인 미래도 확실한 것이 아니라는 것, 그리고 현재에 근거하여 취하는 인간의 행동 하나 하나가 두 방향 중 어떤 방향에 힘을 실어 주었는지에 따라 미래가 달라질 수 있다는 것이다. 이제 중요한 것은 상상한 어떤 미래가 마음에 든다면, 그 미래는 그렇게 상상했기 때문에 존재할 수 있다는 가능성을 얻게 된다는 사실이다. 베르나르 베르베르가 카산드라를 통해 〈역진(逆進)의 미래학〉이라고 이름 붙인 이 방법은 현재에서 출발하여 차근차근 앞으로 나아가는 것이 아니라, '이상적인 먼 미래를 먼저 상상하고, 그 다음에 거기에 도달할 수 있는 중간 단계들을 발견해 나가는 것' 으로 미래의 시나리오들을 실현해나가는 방법이다. 결국 '만약 ~하게 된다면?' 의 가정들 하에서 전개되는 〈비공식 미래 전망부〉의 상상들은 우리로 하여금 어떻게 미래를 준비하고 대처하여 실현할 수 있는지를 보여주는 〈상상력 사용법〉의 구체적인 예인 것이다. 이는 지적(知的)이기만 한 정신적 프로세스 속에 갇혀 항상 똑같은 생각 속에서 빙빙 맴돌고 있을지도 모르는 우리로 하여금 뇌의 한계를 넘어설 수 있도록 뇌를 여는 훈련을 허용하는 것이기도 하다. 이것이야말로 베르나르 베르베르가 상상력을 증가시키는 방법으로 그의 전작(前作) 『나무』에 이어 〈상상력의 나무 심기〉를 구체적으로 제안하는 이유인데, 이는 이런 상상력이야말로 우리로 하여금 행동하게 하는 원천이라 믿기 때문이다. 따라서 '성공한다는 프로그램을 심어주면 성공하게 되므로 좋은 말을 해주는 것이 점쟁이들의 의무' 라는 점쟁이 노파, 그라지엘라의 말로부터 우리는 우리의 의지대로 미래를 만들 수 있고, 그렇기에 '미래를 본다' 는 말보다 더 중요한 것은 결국 '미래를 창조한다' 는 것이라는 작가의 생각을 다시금 읽어내게 된다.

미래에 일어날 일을 예측하고, 오감(五感)이 열리는 체험을 김과 함께 하게 되며 '현재' 를 알게 되는 카산드라가 이 소설 안에서 반드시

해야 하는 것은 자신의 잃어버린 과거를 찾는 일이다. 미래를 볼 줄 알지만 과거를 잃어버린 한 소녀의 모습에는 지난 시간을 돌아보지 않고 앞만 향해 달리며 살아가는 우리의 모습이 담겨있다. 누구나 아는 자신의 과거는 모르고, 대부분 알지 못하며, 게다가 때로는 아는 것이 두렵기까지 한 미래를 볼 줄 아는 카산드라가 자신의 잃어버린 과거를 찾는 과정은 돌아가신 부모님과 오빠, 가족을 이해하게 되는 과정인 동시에 어떻게 해서 자신이 미래를 보는 능력을 갖게 되었는지를 알게 되는 과정이다. 그렇기에 카산드라가 알게 되는 자신의 과거는 그녀의 현재를 더욱 풍요롭게 해준다. 현재나 미래에 영향을 미치지 못하는 과거는 의미가 없겠지만, 카산드라의 과거는 분명 그녀의 현재와 미래에 의미를 부여하기 때문이다. 아버지와 어머니가 '미래'에 대해 숙고했던 깊은 뜻을 이어받아 암울한 미래가 도래할 확률을 낮추고, 조화로운 미래의 가능성을 높이기 위해 스스로 상상하고, 행동해야 한다는 의지를 갖게 된 것. 이것이 바로 그녀가 마침내 찾게 되는 과거의 의미이다.

그렇기에 이제 미래와 현재, 과거로의 시간 여행을 한 카산드라가 가장 중요하다고 깨닫게 되는 시간은 바로 '현재'이다. '미래의 이야기-현재의 이야기-과거의 이야기'로 구성되는 책의 목차가 보여주듯 이 책의 화두는 '미래'만은 아닌 것이다. 우리가 회상할 수는 있지만 변경할 수 없는 것이 '과거'라는 사실을 생각하면 분명 우리는 과거를 구성할 '현재'를 잘 살아내야 한다. 그렇게 조심스레 살아낸 현재가 과거가 되고, 그 과거를 돌아보고 더 나은 현재를 살아 미래를 만들어야 하는 것이 오늘을 사는 우리의 의무이기 때문이다. 따라서 베르나르 베르베르가 책 속에서 영화 〈타이타닉〉이 한 가지 특정한 사건을 통해 인류 전체의 역사를 이야기 하고 있다고 말한 것은 의미심장하다. 작가는 우리가 한치 앞을 내다보지 못하고 조급하게 출항한 새로운 타이타닉 호를 타고 있는 것은 아닌지, 우리 앞에 빙산이 있다는 것을 감지하지 못한 채 빙산을 향해 전속력으로 항해하고 있지는 않은지, 그래서 우리가 타고 있는 배가 곧 침몰할 지도 모르는데 어떤 일이 일어날지 전혀 모르는 채 갑판에서 연주되는 음악이나 놀이에 빠져있는 승객들의 모습으로 살고 있는 것은 아닌지 잘 살피지 않으면, 우리 또한 배경, 등장인물, 상황 등은 다르지만 어느새 같은 영화를 찍고 있을 수 있다는 것을 조용히 경고하고 있기 때문이다. 결국 베르나르 베르베르가 900쪽에 달하는 이 책을 통해 우리에게 이야기 하는 것은 '깨어 현재를 살아낼 것' 이다.

미래를 보는 카산드라가 '현재' 의 중요성을 진심으로 알게 되는 것은 그녀의 친구가 되어 카산드라로 하여금 오감이 열리는 체험을 하게 함으로써 처음으로 '현재' 를 느끼게 하는 김예빈 덕분이다. 카산드라가 하게 되는 오감이 열리는 경험은 내 몸이 가진 창(窓)을 통해 현재를 충분히 느낄 때 가능해지는 것으로 우리가 살아 있다는 사실을 실감하게 해주는 체험이 된다. 실제로 우리의 감각들이 우리에게 무수한 정보들을 주고 있음에도 불구하고 우리가 그 사실에 전혀 주의를 기울이지 않거나 잊고 있을 때가 많기에, 김예빈의 이런 지적에 공감하는 카산드라의 모습 또한 우리 자신이 느끼고 깨달아야 하는 우리의 모습이다. 주위의 것들을 충분히 지각하게 되는 오감이 열리는 경험은 세계와 맞닿아 있는 우리의 감각들을 발달시키는 연습이고, 현재를 가장 충실히 사는 모습의 반영이기 때문이다.

하지만, 카산드라가 미래를 상상하는 대신 '현재를 철저하게 살라' 는 김예빈의 조언을 진정으로 이해하게 되는 것은 그녀가 자신의 과거를 알아내는 시간 여행을 한 후이다.

“[…] 그녀는 분노를 경험했기에, 이제 기쁨이 무엇인지 알 수 있다. 이제 그녀는 살아있는 것이 행복하다. 친구들과 같이 있는 것이 행복하다. 어린 시절 그녀에게 일어났던 일을 마침내 알게 되어 행복하다. 인류를 구할 수 있는 그녀만의 계획을 하나 가지고 있어 행복하다. […] 이젠 아무 문제없어. 난 이 놀라운 세계에 다시 돌아왔어. 삶은 아름다워. […]”

현재가 없이는 과거도, 미래도 제대로 존재할 수 없기에 ‘현재를 철저하게 살라’ 는 작가의 조언은 우리의 삶에 가장 근원적인 변화를 가져다 줄 수 있는 것이다. ‘현재’ 의 의미에 대해 생각하게 된 후, 김예빈과 함께 처음 경험했던 오감이 열리던 순간의 의미를 다시금 깨닫게 된 카산드라는 이제 다른 것을 보게 된다. 주위 사람들 뿐 아니라 그 사람들 주변의 것들, 그리고 그 외의 것들까지 더 많이 보게 된 카산드라이기에, 자신을 다시 태어나게 해 준 ‘쓰레기 하치장’ 을 바라보는 그녀의 두 눈에 고인 눈물은 보통의 눈물과는 다르다.

“[…] 그녀가 잿더미로 화한 대속을 향해 얼굴을 들어 올렸을 때, 그녀의 두 눈은 눈물로 부드럽게 감싸여 있다. 더 이상 슬픔의 눈물이 아니라, 순수한 희열에서 솟구치는 눈물이다. 그리고 이 촉촉한 빛은 그 안에 세계가 비치는 하나의 거울을 이룬다.”

‘오감의 열림’ 을 통해 ‘현재’ 의 세계를 제대로 볼 줄 알게 된 카산드라의 눈물 맺힌 눈. 이것이 바로 베르나르 베르베르가 말하는 ‘카산드라의 거울’ 이다. 거울은 우리로 하여금 자신의 모습과 행위를 의식하게 해주는 도구이며 시선이다. 그리고 우리가 사는 세계는 이 거울을 통해 축소되기도 하고 확장되기도 한다. 그렇기에 카산드라의 젖은 눈이 하나의 세계를 비치는 거울을 이루는 '사건' 은 미래만 볼 줄 알던 그녀가 마침내 과거와 현재를 고려하여 온전히 미래를 사변(思辨)할 줄 알게 되었다는 것을 의미한다.

카산드라가 자신이 김예빈을 사랑하고 있다는 것을 비로소 깨닫게 되는 것은 이렇듯 여느 때보다 충만하게 '현재' 를 느끼던 중이다. 연인이 된 그들이 강렬한 키스를 나누는 것으로 이 소설을 끝내면서 베르나르 베르베르는 또 한 번 '미래' 에 대해 자신이 하고자 하는 이야기를 반복한다. 단순히 남녀의 사랑이 이루어지는 해피엔딩의 소설로 이 이야기를 마무리 하는 것을 넘어, 하나가 아닌 '우리' 가 '같은 방향' 을 바라보며 같은 '의지' 를 가지고 나아갈 때 미래는 저지되지 않고 실현된다는 것 말이다. 그렇기에 카산드라와 김예빈의 만남은 처음부터 철저히 카산드라의 예언을 들어주고 함께 미래를 예측해 행동해주는 동지의 만남이다. 함께 찾은 카산드라의 과거 또한 그들이 함께 할 현재와 미래의 뿌리가 된다. 그렇기에 카산드라와 김이 나누는 강렬한 키스는 모든 시간을 가르는 '수많은 시간을 통과하여 퍼져 나가는 것처럼 강렬한' 키스가 되고, 키스로 상징되는 연인관계와 합일은 '미래' 와 '현재' 가 마침내 조화롭게 어우러지는 모습이 될 수 있는 것이다.

"〈우리는 미래를 볼 수 있는가?〉라는 질문에 대한 대답은 아마도 〈볼 수 없다〉일거야. 하지만 지금 우리가 미래를 만들겠다면, 그걸 막는 사람은 아무도 없어."

베르나르 베르베르는 김예빈과의 키스의 순간 카산드라가 하는 이 생각으로 자신의 긴 글의 여정을 마무리 한다. 그들이 함께 사랑하고 있다는 현재의 감정을 표현하고 있는 이 키스 후 그 사랑이 어떻게 될지는 아무도 모른다. 그러나 그들의 사랑은 어떠한 미래라도 함께 만들어 보자는 의지가 결합된 사랑이다. 이러한 카산드라의 생각은 세상을 바라보는 시선을 바꾸거나 세상에 대처하는 방법을 바꾸는 근본적인 변화가 있었기에 가능했다. 인류를 구하고 싶다면 자기 스스로를 먼저 구하는 것부터 시작하고, 미래를 꿈꾼다면 현재를 잘 살라는 것. 이것이 베르나르 베르베르가 자신의 풍부한 상상력을 통해 '카산드라의 거울'에 담은 미래교육의 주요 내용일 것이다. 그렇기에 베르나르 베르베르는 상상력으로 내일을 바라보고 오늘 우리 자신의 변화를 유도하는 진정한 미래학자인지도 모른다.

서지정보

Le Miroir de Cassandre, Bernard Werber.

『카산드라의 거울』, 베르나르 베르베르 작, 임호경 옮김, 열린책들, 2010년.

이채영

프랑스 파리4대학(Paris-Sorbonne)에서 19세기 프랑스 소설가 귀스타브 플로베르(Gustave Flaubert)의 말년 작품에 나타난 종교성 연구로 프랑스 문학과 문화 박사 학위를 받았다. 헤밍웨이가 "만약 당신이 젊은이로서 파리에서 살아보게 될 행운이 있다면 파리는 이동하는 축제처럼 당신의 남은 일생동안, 당신이 어딜 가든 당신과 함께 머무를 것이다"라고 했던 것처럼, 자신과 늘 함께 머무르고 있는 파리에서의 '시간'을 느끼며 19세기 프랑스 문학에 담긴 도시 파리와 19세기 프랑스와 파리의 문화 읽기에 많은 관심을 가지고 있다. 현재 성신여자대학교, 홍익대학교, 한국외국어대학교(글로벌캠퍼스), 숭실대학교에서 수업을 통해 학생들을 만나고 있다.

여자를 증오한 남자들

연애소설 혹은 성장소설

●

백 승 찬

『여자를 증오한 남자들』

연애소설 혹은 성장소설

● 백승찬

애초 10부작으로 구성된 추리소설 '밀레니엄' 시리즈의 1부 『여자를 증오한 남자들』은 작품 바깥의 이야깃거리가 풍성하다. 먼저 작가 스티그 라르손. 1954년 스웨덴에서 태어난 그는 반파시스트 운동을 하던 외조부모의 손에 성장했고, 1983년 언론사에 입사해 기자 생활을 시작했다. 1995년 시사잡지 '엑스포'를 창간한 그는 2004년 사망할 때까지 '엑스포'에서 활동하면서 스웨덴의 사회문제, 특히 인종차별과 극우파를 고발하는 기사를 썼다. 그의 기사에 앙심을 품은 이들이 많았기에, 라르손은 동갑 여성 에바 가브리엘손과 32년간 사실혼 관계를 유지했으면서도 그녀의 안전을 염려해 끝내 정식 결혼을 하지 않았다.

그러나 지구 반대편의 독자가 라르손의 이름을 기억하는 건 그의 기사가 아니라 소설 때문이다. 추리소설, SF 등 장르 소설의 팬이었던 라르손은 퇴근 후 남는 시간을 이용해 '밀레니엄' 시리즈를 써내려갔다. 기자로선 유명했지만 작가로선 신인이었던 그의 작품이 출간되리라는 보장은 없었다. 라르손은 자신의 즐거움을 위해, 운이 좋다면 인세 수입을 통한 노후보장을 위해 '밀레니엄'을 썼다. 그는 그렇게 한참을 쓴 다음에야 출판사와 접촉을 했다. 하지만 라르손은 사무실 엘리베이터가 고장 나는 바람에 계단을 오르다가 심장마비로 사망했고, 『여자를 증오한 남자들』은 그가 세상을 뜬 이듬해인 2005년 스웨덴에서 처음으로 출간됐다.

센세이션이었다. 스웨덴에서는 물론 영국, 미국에서도 '밀레니엄' 시리즈가 잇달아 출간됐다. 생전 라르손이 써두었던 '밀레니엄' 시리즈는 『여자를 증오한 남자들』과 2부 『불을 가지고 노는 소녀』, 3부 『벌집을 발로 찬 소녀』 등 3종이다. 라르손의 책은 2011년 말까지 전 세계에서 6500만권이 판매됐다. 좋은 원작 소설을 갈구하는 영화제작자들이 '밀레니엄' 시리즈를 놓칠 리 없었다. 스웨덴에서는 1~3부가 2009년 영화화됐다. 할리우드에서도 데이비드 핀처 감독, 대니얼 크레이그, 루니 마라 주연으로 2011년 1부가 〈용문신을 한 소녀〉라는 제목으로 스크린에 옮겨졌다.

32년간 라르손의 연인이었던 가브리엘손은 라르손이 노트북 컴퓨터에 남겨둔 초고를 바탕으로 '밀레니엄' 4부를 쓰고 있다고 한다. 그러나 '밀레니엄' 1~3부의 인세는 정식 혼인 관계를 맺지 않은 가브리엘손이 아닌, 라르손과 평소 왕래가 거의 없었던 가족에게 돌아가고 있다.

그래서 『여자를 증오한 남자들』은 좋은 추리소설인가. 그렇다. 이 소설엔 독자를 혼란에 빠트리는 적당한 미스터리, 속도감 있는 구성, 흥미로운 캐릭터가 있다. 한국판은 두 권으로 분책됐는데 모두 합해 700페이지를 훌쩍 넘는다. 그럼에도 책장을 넘기는 독자의 손을 더욱 빠르게 이끄는 힘이 있다.

그러나 『여자를 증오한 남자들』은 특이한 연애소설이기도 하다. 수십년에 걸쳐 끔찍한 동기와 방식으로 많은 사람이 죽어나가는 와중에서도 여자와 남자 사이에는 사랑의 감정이 싹튼다. 대담한 독자라면 리스베트 살란데르와 미카엘 블롬크비스트가 티격태격하면서도 서로에게 가까워지는 과정이 할리우드 고전 황금기의 스크루볼 코미디를 닮았다고 생각할 수도 있겠다.

짤막한 프롤로그를 제외한다면, 소설은 미카엘이 기업인 베네르스트룀에 대한 명예훼손 혐의로 유죄를 선고받는 장면에서 시작된다. 시사잡지 '밀레니엄'의 편집장인 미카엘은 베네르스트룀의 비리를 고발하는 기사를 썼다가, 이 기사에 근거가 부족한 것으로 밝혀지면서 궁지에 몰렸다. 미카엘은 패배를 인정하고 밀레니엄을 떠나기로 한다. 그러나 미카엘의 올곧은 기자정신과 취재력을 높이 산 방예르 그룹의 명예회장 헨리크 방예르가 미카엘에게 자신의 가족과 관련한 오랜 미스터리를 풀어줄 것을 의뢰하면서 사건이 시작된다.

미카엘의 반대편에 리스베트가 서 있다. 미카엘과 리스베트는 여러모로 어울리지 않는 사람들이다. 미카엘은 유명 언론인이고, 주변 사람과의 관계가 비교적 원만하며, 듬직한 체구의 남자다. 리스베트는 대중에게 전혀 알려지지 않은 인물이며, 반사회적인 성격을 갖고 있으며, 작은 키에 왜소한 체구를 가진 여자다. 목 뒤편까지 올라오는 문신, 코나 눈썹 주변의 피어싱은 리스베트와 그를 둘러싼 사회 사이에 명확한 경계선을 긋는다. 『여자를 증오한 남자들』은 외면과 내면이 모두 다른 리스베트와 미카엘이 어떻게 서로를 인정하고 좋아하고 섹스하고 갈등하는지 그리는 연애소설이다. 아울러 이 소설은 리스베트가 연애를 하는 과정에 타인을 향해 꼭 닫아두었던 문을 조금씩 열어간다는 점에서 한 은둔형 외톨이의 성장소설이기도 하다.

그러나 둘의 연애는 지난하다. 리스베트와 미카엘은 소설의 중반부 이후가 돼서야 처음으로 대면한다. 물론 먼저 다가간 이는 반사회적인 리스베트가 아니라 사회적인 미카엘이다. 미카엘은 리스베트 집의 문을 다짜고짜 두드린다. 이 대목은 정의롭긴 하지만 가끔 수동적이고 나약한 모습을 보이는 미카엘이 소설 속에서 가장 결단력있게 비춰지는 부분이기도 하다.

미카엘을 대하는 리스베트의 태도가 흥미롭다. 미카엘이 리스베트의 집을 마음대로 휘젓고 다니는데도 리스베트는 그를 제지할 생각을 하지 못한다. 심지어 미카엘이 샤워를 하라고 하자 리스베트는 그 말을 따른다. 머리 속으로는 "리스베트 살란데르는 자기 뜻이 아니면 절대 움직이지 않는단 말이야"라고 생각하면서도, 마치 최면에라도 걸린 듯 그렇게 한다. 이 장면이 흥미로운 이유는 이전까지 묘사된 리스베트는 가장 가까운 사람에게조차 이해할 수 없을 만큼 냉랭한 인간이었기 때문이다. 그의 상사이자 남모르게 연정을 품고 있는 드라간 아르만스키는 물론이고, 리스베트의 후견인이자 그를 매우 인격적으로 대해준 홀예르 팔름그렌조차 리스베트에게 다가가기까진 매우 오랜 시간이 걸렸다. 오랜 세월 동안 가시를 잔뜩 세운 고슴도치, 독이 든 배를 부풀린 복어 같은 존재였던 리스베트를 미카엘은 첫 만남에서 무장해제 시킨다.

이전까지 미카엘은 리스베트를 몰랐지만, 리스베트는 미카엘을 매우 잘 알고 있었다. 아르만스키가 최고경영자로 있는 보안 회사 밀턴 시큐리티를 위해 일하는 프리랜서 조사요원 리스베트는 헨리크 방예르의 의뢰로 미카엘의 모든 것을 샅샅이 조사해둔 상태였다. 심지어 의뢰인이 요청을 중단한 뒤에도 개인적으로 미카엘에 대한 정보를 수집했다. 초반부의 독자는 리스베트가 왜 그런 행동을 하는지 이유를 짐작하기 힘들지만, 중반부 이후에 이르면 그것이 미카엘에 대한 리스베트의 관심의 표현이었음을 알아챌 수 있다. 궁금하지 않은 사람에게 사랑은 없다. 그가 누구와 친한지, 하는 일은 무엇인지, 어떤 음악, 영화, 음식을 좋아하는지, 이전에는 어떤 사람과 사랑을 나누었는지, 손을 잡으면 어떤 느낌인지, 키스할 때 눈을 뜨고 상대를 빤히 쳐다보는 것은 아닌지. 짝사랑에 빠진 사람은 아직 자기 곁에 다가오지 않은 사람에 대해 온갖 호기심을 부풀린다. 불행인지 다행인지, 현대에는 이런 호기심을 충족시킬 수단이 많다. 상대방이 남긴 흔적은 구글 검색이나 소셜 네트워크 서비스 등에서 쉽게 검색된다.

미카엘은 애초 리스베트를 몰랐다. 그러나 리스베트와 일을 시작한 뒤에는 점점 그에게 빠져든다. 빼어난 직관, 해커로서의 뛰어난 능력, 관습에 얽매이지 않는 독특한 사고방식을 가진 리스베트는 진전이 없던 미카엘의 수사에 숨통을 틔운다. 사소한 말로 리스베트의 마음을 상하게 한 미카엘은 뛰쳐나간 그를 쫓아가 말한다. "처음 본 순간부터 그토록 자연스럽게 누군가를 좋아하게 된 것……내게는 정말 오랜만의 일이었어."

리스베트와 미카엘의 협업은 추리문학사에서 가장 유명한 콤비인 셜록 홈즈와 존 왓슨을 연상케 한다. 리스베트가 반사회적인 인물인 것처럼, 홈즈 역시 평생 독신이었고 일을 위한 것이 아니면 사람을 만나길 꺼린다. '셜록 홈즈' 시리즈가 나왔던 19세기 말~20세기 초 영국에서는 둘의 관계를 업무를 위한 좋은 파트너 이상으로 상상하는 독자가 드물었을 것이다. 하지만 요즘엔 둘의 관계에 대한 '발랄한' 해석도 종종 나온다. 셜록 홈즈 시리즈를 현대로 옮겨 각색한 영국의 텔레비전 시리즈 〈셜록〉(2010~)에도 홈즈와 왓슨의 콤비 플레이가 등장한다. 그러나 나른하고 괴팍한 천재 홈즈와 참전군인 출신의 상식적 인간 왓슨의 관계는 평범한 우정을 넘어서는 것처럼 보일 때가 있다. 실제 이 시리즈를 방영한 한국의 케이블 방송사는 둘의 등장 장면에 로맨틱한 음악을 넣어 노골적인 동성애 분위기의 퀴어 드라마 예고편으로 유머러스하게 각색하기도 했다.

멜로드라마는 역경에 기반한다. 주인공의 고난이 없는 서사는 멜로드라마가 아니다. 리스베트와 미카엘의 멜로드라마는 그들이 해결해야 하는 끔찍하고 풀기 어려운 사건에서뿐 아니라, 주변 사람들과의 얽히고 설킨 관계에서도 발생한다. 바람둥이 기질이 있는 미카엘 주변에는 리스베트 외에도 두 명의 여자가 더 있다. '밀레니엄'의 공동 편집장이자 오랜 연인인 에리카 베르예르, 사건에 연관된 것으로 보이는 세실리아 방예르다. 미카엘은 『여자를 증오한 남자들』에서 에리카, 세실리아, 리스베트와 각기 섹스한다. 그 세 명의 여인은 저마다 다른 개성을 갖고 있다. 에리카는 지적이고 능력있는 동료이며, 세실리아는 가슴 아픈 가족사를 감춘 연상의 여성이다. 일에 대해선 이성적이고 철저하지만, 연애에 대해선 감정적이고 우유부단해 보이는 미카엘의 태도 때문에, 결국 미카엘과 리스베트의 관계는 위기를 맞이한다.

특이한 점은 리스베트의 연애가 그가 사회로 발 딛는 중요한 과정의 하나로 그려진다는 것이다. 리스베트는 『여자를 증오한 남자들』에서는 제대로 밝혀지지 않은 어떤 트라우마 때문에 자기 안에 잔뜩 웅크린 채 세계에 대한 공격성을 간직하고 있었다. 미카엘은 그런 리스베트에게 손을 내밀면서 그의 마음속에 닫혀있던 문을 조금씩 열게 한다. 선의에서 우러나왔다고 해도 방법이 틀리면 결국 잘못된 행동이다. 미카엘은 옳은 방법을 알고 있었다. 그는 강요하지 않고 기다린다. "진심으로 친구가 되고 싶어. 네가 나를 친구로 원한다면 말이야. 하지만 결정은 너의 몫이지. 난 집으로 돌아갈게. 원하면 언제든 들어와도 돼. 문은 항상 열려 있으니까." 리스베트는 먼저 걷는 미카엘을 말없이 따라간다. 그리고 훗날 회상한다. "누군가와 같이 일한다는 것, 전에는 생각만 해도 소름 끼치는 일이었다. 하지만 기이하게도 그(미카엘)와는 조금도 힘들지 않게 해나갈 수 있었다. 그는 잔소리를 늘어놓지도 않았고, 인생을 어떻게 살아야 한다고 가르치려 들지도 않았다."

리스베트는 미카엘을 도와 일하고, 그와 함께 살면서 태어나 처음으로 삶의 만족과 생의 의욕을 느끼기 시작한다. 펑크족 복장을 하고 다니던 리스베트는 급기야 엘비스 프레슬리의 음악을 틀고, 장작불을 피워놓은 채, '고전적'인 방식으로 미카엘과 사랑을 나눈다. 가장 놀라운 변화는 리스베트가 처음으로 자기 자신이 아닌 누군가를 위한 일을 하겠다고 마음먹는 대목이다. 리스베트가 남들과 어울려 살아갈 수 있는 사람이 되도록 돕는다는 점에서, 미카엘은 리스베트의 연인이자 아버지다.

그러나 소설 종반부에 있는 이런 대목은 리스베트의 '사회화'가 무엇을 의미하는지에 대한 문제의식을 낳는다. "라텍스 젖가슴에 대해서는 잠시 동안의 고민이 있었고, 결국 이레네 네세르(필자 주-리스베트의 가명)는 그것을 보관하기로 마음먹었다." 리스베트가 베네르스트룀이 세계 곳곳에 숨겨둔 비자금을 빼돌리는 대목인데, 이 과정에서 리스베트는 변장을 하고 각 은행을 돌아다녔다. 화장을 덧칠해 문신을 지우고 피어싱을 빼고 보조물을 넣어 가슴을 부풀렸다. 목적을 달성한 리스베트는 이런저런 액세서리는 모두 버렸지만, 가슴 보조물로 사용한 라텍스만은 버리지 않은 것이다.

그렇다면 리스베트의 '사회화'란 결국 잃어버린 것으로 간주됐던 여성성을 되찾는 과정이었을까. 조사 능력에 있어서는 '슈퍼히어로'급 활약을 보이던 리스베트에게 라텍스 가슴 같은 것이 필요했단 말인가. 리스베트는 세상 속 미녀의 표준을 따르지 않아도 충분히 아름다운 캐릭터다. 노벨문학상 수상작가 바르가스 요사는 책의 추천사에서 "여주인공(리스베트)은 훨씬 활동적이고, 용감하고, 대담하고, 영리하다"며

"불멸의 문학에 온 걸 환영한다, 리스베트 살란데르"라고 적었다.

리스베트는 어떻게 살아나갈까. 세상에 자신을 맞추면서 평범해질까, 아니면 있는 그대로의 자기 자신을 사랑하면서 세상과 공존할 수 있을까. 이어지는 '밀레니엄' 시리즈를 읽어야 할 것 같다.

서지정보

The Girl With the Dragon Tattoo, Stieg Larsson.

『여자를 증오한 남자들』, 스티그 라르손 작, 임호경 옮김, 웅진씽크빅, 2011.

백승찬

대학에서 철학, 대학원에서 영상이론을 공부했다. 2003년 경향신문에 입사해 사회부, 문화부에서 근무했다. 문화부에서는 방송, 대중음악 담당을 거쳐 영화 담당을 비교적 오래 했으며, 올해부터는 출판 담당을 맡고 있다.

위대한 결정

인간 멸종을 면하기 위한 신기한 정상회담

●

서 태 부

『위대한 결정』

인간 멸종을 면하기 위한 신기한 정상회담

● 서태부

앤디 앤드루스의 『위대한 결정』을 읽다 보면 책 제목을 "인류의 멸망을 피하기 위한 마지막 선택"으로 바꾸는 것이 더 좋을 듯하다는 생각이 든다.

사실 앤드루스의 작품들은 예술문학이기보다는 픽션적인 자조문학(self-help literature)에 더 가까운 것으로 보인다. 작가는 무거운 주제의 부담감을 덜기 위해 유머러스한 장면을 배열하는 등 상당히 신경을 쓰고 있다. 하지만 전반적인 작품의 분위기는 설교적이다. 우선 줄거리를 살펴보자.

이 작품의 주인공은 한 번의 실패 후 재기한 미국인 기업가 데이빗 폰더이다. 제1장은 주인공이 최근에 부인을 잃었다는 사실을 독자에게 알려준다. 그리고 폰더 씨의 사업 실패와 그 극복 과정을 서술한다. 점원으로 일하던 철물점에서 해고 당하고 귀가하던 폰더 씨는 교통사고로 목숨을 잃을 뻔한다. 병원으로 옮겨진 폰더 씨는 무의식 상태에서 만난 "여행자들"과 나눈 많은 대화들을 통해 인생의 길잡이라고 불릴 만한 "일곱 개의 결정들"을 알게 된다. 그의 사업이 번창하게 된 것은 그가 몸을 회복한 후 이 "일곱 개의 결정들"을 자신의 삶에 적용했기 때문이다. 그러나 사업의 규모가 점점 커지면서 폰더 씨는 채무 불이행과 자금 위기 상황에 처해 치명적인 실수를 범하게 된다. 이로써 그는 자신이 이루어 놓은 모든 것을 다 잃고 말지만, 여행자들로부터 배운 일곱 개의 결정들을 바탕으로 실패의 잿더미에서 불사조처럼 다시 일어나 날기 시작한다. 결국 그는 컴퓨터 소프트웨어로 부자가 되어 55층 건물을 짓고 맨 위층의 펜트하우스에서 생활하게 된다.

그렇다면 그의 부활을 가능케 해주었던 여행자들과 일곱 개의 결정들은 무엇이었을까? 무의식 상태에 빠져 있던 입원 기간 동안 폰더 씨는 과거와 현재를 나누는 시간의 벽을 넘나들었다. 그는 과거의 유명한 역사적 사건현장에 갑자기 나타나 저명한 인물들을 만났으며, 각 사람이 자신의 고난이나 위기를 어떻게 극복했는지를 직접 보고 들었다. 그들은 신대륙을 발견한 크리스토퍼 콜럼버스, 전 미국 대통령 해리 트루먼, 나치의 폭력으로부터 숨어서 일기를 쓴 안네 프랑크, 미국의 흑인 노예들을 해방시킨 링컨 대통령을 비롯해 모두 위대한 업적을 지닌 역사적인 인물들이었다. 그리고 폰더 씨가 이들로부터 배운 일곱 개의 결정들은 다음과 같았다. 첫째는 (전 미국 대통령 트루먼의 마음가짐) "결국은 내가 책임을 진다" (The buck stops here), 둘째는 (솔로몬 왕의 마음가짐) "지혜를 찾아야만 한다" (I will seek wisdom), 셋째는 (미국 남부 전쟁의 영웅인 체임버린의 마음가짐) "나는 적극적인 사람이다" (I am a person of action), 넷째는 (콜롬버스의 마음가짐) "나는 단호한 의지를 지닌다" (I have a decided heart), 다섯째는 (안네 프랑크의 마음가짐) "나는 오늘 행복하기로 한다" (Today I choose to be happy), 여섯째는 (링컨 대통령의 마음가짐) "나는 하루하루를 용서로 가득 찬 마음으로 맞이하겠다" (I will greet each day with a spirit of forgiveness), 일곱째는 (천사 가브리엘로부터 받은 마음가짐) "나는 무슨 일이 있더라도 포기하지 않겠다" (I will persist without exception)이다.

폰더 씨는 천사 가브리엘의 초인적인 힘을 통해 역사적인 인물들과 그들이 처한 역경의 순간에 만나 이들이 여러 문제를 극복하는 것을 직접 목격할 수 있었던 것이다. 그런데 우리가 제 1장에서 만나는 70세 넘은 폰더 씨는 불행하고 우울한 모습으로 등장한다. 왜냐하면 그는 오랫동안 삶의 동반자였던 아내를 잃었기 때문이다. 그리고 이 절망의 한가운데에서 천사 가브리엘은 다시 나타난다. 천사 가브리엘이 폰더 씨를 찾아온 것은 하나님이 구약의 대홍수와 비슷한 재앙을 일으켜 사악함으로 가득 찬 인간의 세상을 깨끗이 씻어낼 것이라는 경고를 전해주기 위해서였다. 폰더 씨는 오로지 자신의 적극적인 실천을 통해서만 이 비극을 피할 수 있음을 알게 된다. 그러자 가브리엘은 폰더 씨를 데리고 신비한 곳으로 (천국으로 추정됨) 가는데, 그곳의 캄캄한 공간 한 가운데에는 커다란 탁자가 하나 있고 그 희미한 주변에는 탁자를 둘러싼 관중석이 있다. 이때 천사 가브리엘은 인간을 구제하기 위해 수행해야 할 과제를 폰더 씨에게 설명해준다. 즉 가브리엘은 모든 여행객들이 이곳으로 모이게 되어 있는데, 유명하고 역사적인 인물들 간의 정상회의에서 폰더 씨가 진행자 역할을 맡게 되었다는 놀라운 사실을 알려주는 것이다. 과제는 주어진 시간 내에 (천사 가브리엘은 모래시계를 탁자 위에 놓는다) 다음과 같은 질문에 대한 올바른 대안을 제시하는 것이다. 성공적인 문명사회로의 길을 되찾기 위해 인류는 개인적으로, 그리고 공동체적으로 무엇을 해야 하는가? (What does humanity need to do, individually and collectively, to restore itself to the pathway toward successful civilization?).

여행자들 중 폰더 씨를 도우러 맨 처음 나선 사람은 영국의 전 총리 윈스턴 처칠이다. 처칠 총리는 천사 가브리엘을 두고 익살스러운 장난을 친다. 과제를 수행하는 데에 따라야 할 규칙은 우선 두 단어로 이루어진 정답을 도출하기까지 여섯 번의 기회가 주어진다는 것과 그 답을 찾아내기 위해 여행자들 중에 여섯 명만을 불러서 도움을 요청할 수 있다는 것이다. 다시 말해 정답을 맞추기 위해 한 명씩 나와서 도와주는 방식인 것이다. 이는 여섯 번의 기회를 다 사용하고도 올바른 답을 찾지 못하면 인류멸망이라는 끔찍한 대가가 기다리고 있는, 따라서 엄청난 부담감을 안고 진행해야 하는 의식이다.

폰더 씨와 처칠 총리는 도움을 요청하는데, 이에 첫 번째로 응한 사람은 잔다르크이다. 세 사람은 주어진 문제를 풀기 위해 성공적인 삶이란 무엇인지를 논의하던 중에 '성공적인 삶'과 '삶의 성공'을 구분하게 된다. 먼저, '성공적인 삶'은 긍정적이며 동시에 과정 지향주의적인 개념인 반면에 '삶의 성공'은 물질주의적인 개념이다. 물론 세 사람은 전자가 더 바람직한 것이라는 결론을 내린다. 그리고 모색을 거듭한 끝에 '희망을 되찾자'라는 잔다르크의 말을 정답으로 정하고 이를 천사 가브리엘에게 전한다. 그러나 잠시 침묵을 지키던 가브리엘은 그것이 오답이라고 말한다.

두 번째 도우미 여행자는 전 미국 대통령 에브라함 링컨이다. 앞서 진행된 것과 비슷한 과정을 거치면서 링컨 대통령은 자신이 겪었던 과거를 회고하면서 '지혜를 구하라'라는 답을 제시한다. 그러나 이에 모두 다 동의했음에도 불구하고 이 답을 들은 천사 가브리엘은 '또 틀렸다'라고 말한다.

세 번째 여행자는 제2차대전이 낳은 영국의 영웅 에릭 에릭선이라는 사람으로, 처칠과 친한 사람이다. 에릭의 모험담을 들은 세 사람이 정답을 묻자 그는 용기를 가지는 것이 인류의 문명을 구하기에 꼭 필요하다라고 대답한다. 그리하여 그들은 다시 천사 가브리엘에게 '용기를 가져라' 라는 답을 내지만 역시 가브리엘은 그것도 오답이라고 말한다.

네 번째 여행자는 구약에 등장하는 다윗왕이다. 다윗왕은 투석기로 사자와 골리앗을 죽인 이야기를 해주고 그만한 실력을 가지기 위해서 자신이 얼마만큼의 훈련을 해야 했는지를 말한다. 그리고 다른 한편으로는 왕으로서 스스로 저지른 실수로 인해 자신의 타락한 일화에 대해서도 고백하면서, 자제력의 부족에서 생긴 씻을 수 없는 실수를 한탄하고 인류를 구하려면 자제력이 무엇보다도 중요하지 않겠느냐고 말한다. 이 말에 공감하고 동의한 그들은 다시 천사 가브리엘을 불러 '자제력을 가져라' 라는 말을 답으로 내지만 천사 가브리엘은 이것도 오답이라고 차갑게 말한다.

다섯 번째로 등장하는 여행자는 미국의 발명가인 조지 워싱턴 카바이다. 카바 박사는 노예 신분으로 공부하면서 온갖 고생을 겪었던 사람으로 유명하다. 카바 박사는 자기 인생을 회고하면서 '주어진 환경뿐만 아니라 사람의 인격 역시 인간의 형성 과정에 중요하다' 라는 명언을 내준다. 여섯 사람은 이 말에 대해 오래 논의하고 '인격을 향상하자' 를 그 다음 답으로 내기로 하지만, 결국 이번에도 실패한다.

여섯 번째이자 마지막 여행자는 미국의 정치인이고 발명가인 벤자민 프랭클린이다. 이제 모래시계에는 모래가 거의 남아 있지 않다. 이를 깨닫자 프랭클린이 총괄적인 진행을 맡아, 모여있는 여행자들을 모두 집합시키는데, 이때 웬만한 역사적인 인물들이 다 등장한다. 이들은 모두 함께 정답을 모색하기 위해 토론을 하고 여러 가지를 제안한다. 예컨대 마틴 루터 킹 박사는 '인내심' 을, 엘리너 루즈벨트는 '공평성' 을, 테레사 수녀는 '용서하는 마음' 을 각각 내세운다. 그런데 열띤

토론이 진행되던 중 안네 프랑크가 갑자기 모래시계를 보라고 소리친다. 모래가 갑자기 빠르게 흘러 내리기 시작한 것이었다. 시간은 얼마 남지 않았다. 모래의 속도가 점점 빨라지는 와중에 폰더 씨는 제발 좋은 생각 없느냐고 애원한다. 그러자 관중 속 맨 위 누군가의 목소리가 어둠 속에서 들려온다. 그리고 '그냥 뭔가를 해보세요!' 라는 말에, 모래의 흐름은 갑자기 멈춘다. 알고 보니 소리치는 사람은 남북전쟁의 영웅인 북부군 장교 체임버린이었다. 그는 전쟁터에서 적으로 둘러싸인 절망적인 상황에서도 희망을 포기하지 않고 무작정 무언가를 하기로 마음 먹었던 이야기를 여행자들에게 설명한다. 그는 항복하기는커녕 칼을 뽑아들고 남은 군사를 이끌어 공격을 감행했다. 체임버린 씨는 마치 기적처럼 적들이 겁에 질려 도망갔다고 청중들에게 말해준다. 그러자 이들은 빠른 속도로 흘러 내리던 모래시계의 모래가 멈춘 것을 보고 다들 모래를 멈추게 한 '무언가를 해보라' 는 말이 혹시 정답이 아닌지를 논의한 끝에 천사 가브리엘에게 이 말을 전하기로 한다. 천사 가브리엘이 엄숙한 표정으로 나오자 폰더 씨는 정답이 '무언가를 하라' 라고 말한다. 그러자 천사 가브리엘은 폰더 씨를 뚫어지게 쳐다보고는 그 말을 선언문으로 작성하면 정답으로 인정해 주겠다고 시원스럽게 말한다. 이렇게 해서 데이비드 폰더 씨와 여행자들은 인류의 문명을 구한다.

위에서 언급했듯이 이 책은 예술문학이기보다는 픽션의 틀을 가진 자조문학으로 보아야 온당하다. 그리고 책에서 전반적으로 느껴지는 종교적 교훈은 설교적인 느낌을 주기에 충분하다. 어떻게 보면 이 책의 밑바탕에는 막스 베버의 이념인 프로테스탄티즘의 윤리 (근면·검약·노동의 성과를 강조함)가 짙게 깔려있다고 볼 수 있다. 아마도 이 책은 물질적인 성공과 영혼의 영구적 보장을 상대적이면서도 논리적인 논의를 통해서 얻을 수 있다는 메시지로 인해 인기를 얻을 수 있지 않았을까 싶다.

서지정보

Final Summit : A Quest to Find the One Principle That Will Save Humanity, Andy Andrews.

『폰더 씨의 위대한 결정』, 앤디 앤드루스 작, 이종인 옮김, 세종서적, 2010.

서태부(Steven Capener)

현재 서울여자대학교 영어영문학과 교수로 재직 중이며, 연세대학교 국어국문학과에서 현대소설로 박사학위를 받았다. 주요 연구 대상은 1930년대 한국 모더니즘 문학이다. 한국문학 번역가를 육성하는 한국문학번역원의 특별번역과정을 담당하고 있다.

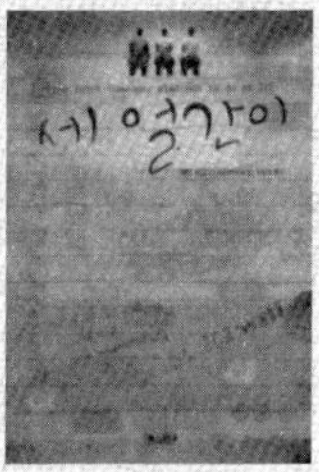

세 얼간이

무한경쟁의 사회를 전복시키는 '우정'의 유쾌한 모험

●

고 명 철

『세 얼간이』

무한경쟁의 사회를 전복시키는 '우정'의 유쾌한 모험

● 고명철

"삐뚤어진 천재들의 세상 뒤집기 한판!"

이것은 지난 해 대중의 이목을 끌었던 인도 영화 〈세 얼간이〉의 포스터 상단에 새겨진 선전 문구다. 이 영화가 상영되자마자 삽시간에 퍼지기 시작한 흥행 열기는 상업영화의 대중성을 넘어선, 인문학적 성찰의 계기를 한국사회에 던져주고 있다 해도 과언이 아니다. 여기에는 이 영화의 원작 소설에 대한 대중의 독서열이 중요한 몫을 차지함으로써 그동안 결핍된 인문학적 성찰의 욕망이 되살아난 것과 전혀 무관하지 않다. 장편 소설 『세 얼간이』의 작가 체탄 바갓은 인도의 공과대학을 졸업한 약력에서 확연히 알 수 있듯, 공대생의 실제 체험을 바탕으로 한 여러 에피소드들을 활용하고 있다. 다만, 소설에서 다뤄지는 공대는 작가의 허구적 상상력에 의해 창안된 공대가 아니라 실제 전 세계에서 평가되는 세계적 공대 중 하나이자, 인도 최고의 공대라는 사실이다. 즉, 실제 인도공과대학(IIT, Indian Institute of Technology)을 소설의 공간으로 호명하고 있다. 그래서 이 소설은 IIT에 입학한 세 명의 신입생에 서사적 초점을 둔다. 그런데 문제는 이 세 명의 신입생들이 IIT의 생활에 제대로, 아니 일부러 적응을 하려고 하지 않는다는 점이다. 지금까지 어느 누구도 예외일 것 없이 IIT가 요구하는 강도 높은 학습량과 경쟁 위주의 학교 풍토를 거스를 수 없었으나, 이들은 과감히 기존 IIT의 모든 것들에 딴지를 걸고 위반을 하는 유쾌한 모험을 펼친다.

"내 말은 IIT가 인도 최고의 대학으로 치부된다는 거야. 10억 인구가 사는 이 나라의 최고 공과대학으로 말이야. 그런데 IIT가 뭐 특별히 발명해 낸 거라도 있어? 아니면 인도에 기술적으로, 기여한 거라도 있느냔 말이야."
"많은 공학자들을 배출해 내는 데 기여한 거 아냐?"
알록이 책을 덮으며 물었다.
라이언은 생각에 잠긴 듯, 혼잣말을 계속했다.
"IIT가 생긴 지 30년이 넘었어. 그동안 이 학교는 똘똘한 청년들을 다국적기업에 취업시킨 게 다라고. 미국의 MIT를 좀 보라고."
"여기는 미국이 아니야. MIT는 수백만 달러의 예산을 집행하는 학교라고!"

[…]

"문제는 시스템이라고. 상대 평가와 학생들에게 엄청난 학습량을 부과하는 이 시스템 말이야. 내 말은 이런 것들이 우리 인생에서 가장 즐거울 수 있는 날들을 없애 버리는 거라고. 도대체 독창적인 생각을 할 새가 어디 있어? 창조성은 또 어떻고? 정말 문제야."
"뭐가 문제지? 그렇게 해서 나는 좋은 직장을 갖게 되는 거야. 내가 신경 쓰는 것도 오직 그것뿐이고."

작중의 세 얼간이 중 라이언과 알록 사이의 대화 장면이다. 라이언의

IIT에 대한 예각적인 비판에서 단적으로 알 수 있듯, IIT가 개교한 지 30여 년 동안 수행한 일은 세계적인 다국적기업에 종사하는 기술노동자들을 많이 배출하는 데 만족할 뿐, 인도와 세계의 공학에 기여하는 창의적 공학도를 배출하는 데는 관심이 없다. 그러다보니, IIT는 고급의 기술노동자들을 산출하기 위해 강도 높은 학습량을 부과하고 그것을 평가하는 척도의 시스템을 안착하고 효율적으로 운영하는 데 모든 역량을 집중한다. 말하자면, IIT는 시스템에 의한, 시스템을 위한, 시스템의 대학으로서 자족할 뿐, 이러한 시스템에 자칫 균열을 초래하거나 시스템 자체를 부정하는 그 어떠한 창의적 변수들을 용납하지 않는다. 사실상, 라이언의 신랄한 비판은 IIT를 표면적으로 겨냥한 데 있는 게 아니라, IIT로 표상된 근대주의에 대한 전면적 부정에 그 본래의 뜻이 있다. 근대화(혹은 산업화)에 박차를 가하는 인도의 저간의 정치경제학적 현실을 고려해볼 때, IIT가 적극적으로 떠맡는 기술노동자의 배출과 관련한 인도의 당면한 문제를 짐작하는 것은 어렵지 않다. 더욱이 라이언의 심각한 문제제기에 대한 알록의 반사적 태도에서도 알 수 있듯, 인도의 대다수 젊은이들에게 '좋은 직장'에 들어가 시쳇말로 돈을 벌고 중산층 이상의 삶을 동경하는 것은 지극히 당연한 일이다. 어떻게 보면, 알록과 같은 젊은이에게 라이언과 같은 도발적 문제제기는 사치스러울지 모른다. 알록의 경우 집안의 경제적 빈곤을 벗어나기 위해 IIT에 입학을 했으므로, IIT가 교육적으로나 사회적으로 심각한 문제점을 안고 있는 게 포착이 됨으로써 이 문제들을 성찰적 계기로 삼아야 한다는 것은 IIT를 힘겹게 입학한 알록에게는 관심사 '밖'이다.

여기서 잠시, 이들의 대화 장면으로부터 한국사회의 젊은이의 풍경을 겹쳐보는 것은 흥미롭다. 과연, 한국사회의 젊은이들과 IIT의 젊은이들은 전혀 다른 삶을 살고 있을까. 라이언의 비판이 '근대주의'를 겨냥한 데 있다는 것을 주목해볼 필요가 있다. 그동안 한국사회의 절대지상의 과제는 근대(화)를 추구함으로써 동시에 근대(화)를 극복하고자 한다. 그 과정에서 지하자원이 빈약한 한국이 풍부한 인적 자원을 최대한 활용하기 위한 교육에 박차를 가한 것은 삼척동자도 다 아는 사실이다. 물론, 이 교육은 후진국에서 개발도상국으로 도약하고, 선진국으로 성장하기 위한, 이른바 국가발전주의에 주도면밀히 결합된 국가의 이데올로기적 장치로서의 역할을 충실히 수행해왔다. 그리하여 한국사회의 교육은 국가가 주도한 근대(화)를 추구하는 과정에서 자연스레 '국민'으로 호명된 사회구성원들을 근대주의로 포박할 뿐만 아니라 '시민'으로서 주체의 윤리적 자아를 정립시키는 역할을 맡아 왔다. 그것은 '하면 된다'는 근대(화)의 구호를 내면화함으로써 개인의 성공신화를 한국사회에 착근시켰다. 급기야 21세기 전 지구적 신자유주의화의 파고(波高) 속에서 허울 좋은 공정성을 내세우면서 무한경쟁의 반인간적 공포스러운 사회분위기를 버젓이 조성하고 있다. 이를 두고 철학자 한병철은 성과의 극대화를 위해 강제하는 자유 또는 자유로운 강제에 몸을 맡기는 '피로사회'임을 음울하게 진단한다. 최대한의 성과를 내기 위해 자기자신을 착취하고, 그것이 마치 원대한 목표를 달성하기 위해 반드시 값비싸게 치러야 할 '노력'이라고 미화되는 이 안타까운 현실을 '피로사회'와 같은 병리적 증후(症候)로 그는 성찰한다.

참으로 흥미로운 성찰의 지점이다. 한국사회의 젊은이들이 겪는 병리적 증후와 인도 IIT의 젊은이들이 겪는 그것이 전혀 다르지 않다. 한국과 인도에서 젊은이들의 국지적 경험의 실제는 다르지만, 그들이 살고 있는 '지구적 일상'은 상당한 부분을 공유하고 있는 것이다. 특히 한국과 인도 IIT의 젊은이들이 한결같이 근대주의의 맹목으로부터 벗어나지 못하고 있다는 점은 그들 모두 이것과 관련한 문제에 대해 심각히 성찰해야 할 대목이 아닐 수 없다.

여기서, 작가 체탄 바갓의 현실에 대한 비판에 좀 더 귀를 기울여보자. 『세 얼간이』의 주된 서사의 초점은 지금까지 논의한 것에 맞춰져 있되, 자칫 이 소설을 인도 IIT로 표상되는 공대 교육의 내부 문제로만 협소화해서는 곤란하다. 강조하건대, 우리가 넓고 깊게 읽어야 할 점은 동시대를 살아가는, 한국 '밖' 의 젊은이들의 사유와 삶의 구체성이다. 이런 맥락에서 걸프전에 대한 다음의 서술은 인도 젊은이들에 대한 지구적 시각의 편린을 이해할 수 있다.

그때는 이라크에 대한 정보도 거의 없었고, 우리는 무조건 미국을 응원했다. IIT는 미국과 관련이 깊었다. 우리에게 돌아오는 외국의 지원 대부분이 거대 미국 기업으로부터 나온 것이었고, 우리의 졸업생들 중 상당수가 그곳에서 장학금을 받거나 일자리를 얻었다. 인도에서는 이렇게 미국으로 고급 두뇌 유출이 이뤄지는 것이다. 이런 상황에서 우리의 마음이 미국 쪽에 기우는 것은 그리 놀랄 만한 것도 아니었다.

전쟁은 훨씬 더 끔찍해졌다. 미국인들은 바그다드에 끊임없이 폭격을 가했고, 미군은 여러 번 민간인들을 공격했고, 많은 사람들이 죽어갔다. 이것은 정말 엿 같은 일이었다. 미국이 IIT를 원조해 주는 건 좋았지만 그렇다고 해서 그들이 이라크 아이들에게 폭격을 가하는 건 정당하다고 말할 수 있겠는가? 그렇지만 또 한편으로 사담 역시 이미 악질 독재자로서 자신의 국민들에게 총을 겨누었다. 아, 정말 걸프전에서 누구 편을 든다는 건 불가능했다.

IIT는 미국으로부터 경제적 지원을 받으면서, 미국의 부를 창출하는 고급 두뇌 자원을 제공한다. 이렇게 IIT와 미국은 유착을 맺고 있다. 그러니 IIT의 학생들이 걸프전이 일어났을 때 미국을 무조건으로 지지한 것은 이상한 일이 아니다. 작가 체탄 바갓은 걸프전에 대한 IIT 젊은이들의 반응을 비중 있게 다루고 있지는 않다. 하지만, 그의 이 같은 서술에서 행간에 흐르고 있는 서사적 긴장과 문제의식을 대수롭게 넘겨서는 곤란하다. 걸프전의 심각성과 반인간적 실태에 대해 작중의 세 얼간이는 "이것은 정말 엿 같은 일"이라고 조소 섞인 비판적 심정을 노골적으로 내비친다. 미국이 주도하는 걸프전이 그 명분이야 어떻든 전쟁을 수행하는 과정에서 무고한 민간인들을 무참히 죽음으로 몰고 간 것은 명백한 사실이다. 이것은 도저히 묵과할 수 없는 인류적 죄악이다. 그러면서 동시에 작가는 이라크의 독재자 사담이 자국의 국민들에게 가한 죄악을 주목한다. 사담 역시 용서받을 수 없는 반인간적 범행을 저질렀다. 여기서, IIT의 젊은이들은 딜레마에 직면한다. 과연, 걸프전에서 누구 편을 들어야 하는 것인가. 물론, 작가는 이 딜레마에 대해 분명한 해답의 실마리를 던져주지 않는다. 바로 이 점이 우리가 눈여겨 보아야 할 점이다. IIT의 젊은이들이 처한 딜레마가 그들에게만 한정된 것이라고 말할 수 있을까. IIT의 젊은이들이 친미 성향이기 때문에 이 딜레마의 성채에 갇혀 있는 것은 너무나 당연하다고 말할 수 있을까. 그렇다면, 한국의 젊은이들은 이 딜레마에 대해 자유로운가. IIT의 젊은이들보다 다소 정치적 성향을 지니고 있기 때문에 이러한 딜레마를 쉽게 해결할 수 있다고 자신 있게 말할 수 있을까.

아니다. 한국 역시 사회의 모든 기제가 미국으로부터 자유롭지 못한 엄연한 현실에서 걸프전에 대한 정치적 입장에 대해서는 IIT의 젊은이들이 보인 것과 대동소이하다. 오랫동안 구미에 의해 구조화된 오리엔탈리즘, 특히 아랍에 대한 정치적 편견은 이 지역에서 일어나고 있는 정치사회적 현안들에 대한 세밀한 접근과 정치(精緻)한 이해의 태도를 갖는 것과 달리 구미의 시각에 치우친 일방적 관점을 선택함으로써 한국의 정치사회적 관점은 휘발된 채 구미의 그것과 동일시한 입장을 갖는 데 부산스럽다. 어느새 한국은 자연스레 아랍에 대한 구미의 스펙트럼으로 수렴된 것에 자족한다. 다시 말해 IIT의 젊은이들이 걸프전에 대해 취하는 입장과 크게 다르지 않다.

따라서 다시 한 번 강조하건대, 걸프전에 대한 IIT의 젊은이들의 입장은 IIT에 국한된 것만이 아니라 구미에 의해 오랫동안 오리엔탈리즘이 구조화되었고, 그것이 내면화된 비서구의 일상이 직면하고 있는 점이다.

이렇게 작가 체탄 바갓의 『세 얼간이』는 IIT의 견고한 시스템에 적응을 하지 '못/안' 하는 세 얼간이들의 좌충우돌의 이야기들 속에서 간과하기 쉬운 근대주의의 맹목이 갖는 폐단과, 비서구의 일상 깊숙이 똬리를 틀고 있는 오리엔탈리즘으로 인한 정치사회적 판단의 딜레마를 예각적으로 짚어내고 있다. 작가의 이러한 서사는 작중인물 세 얼간이의 유머와 풍자가 혼효되면서 결국 그들의 진정성이 체리안 교수를 감동시키는 데 이르고, 졸업식에서 체리안 교수로 하여금 IIT로 표상되는 교육 및 사회 전반에 대한 근원적 성찰을 공론화한다.

"어쨌든, 학생 여러분이 자신의 미래를 찾아가려는 이 순간, 제가 말씀드리고자 하는 메시지는 바로 이것입니다. 첫째, 평점을 제쳐 두고 자기 자신을 믿으라는 것입니다. 수행 평가나 직장에서의 진급이 여러분을 정의하기도 할 것입니다. 하지만 인생에는 이것보다 더 중요한 것이 있습니다. 여러분의 가족이나 친구, 내적 욕망이나 목표들 말입니다. 그리고 이런 영역에서 여러분이 얻게 된 점수가 한 사람으로서의 여러분을 정의하게 될 것입니다. 둘째, 다른 사람을 성급하게 판단하지 말라는 것입니

다. 저는 제 아들이 IIT에 들어가지 못했기 때문에 쓸모없는 녀석이라고 생각했습니다. 하지만 오히려 제가 쓸모없는 아빠였습니다. IIT에 들어간다는 건 굉장한 일입니다. 하지만 그러지 못했다고 해서 세상이 끝나는 것은 아닙니다. 여기 계신 여러분 모두 IIT라는 꼬리표를 달게 돼 굉장한 자부심을 느끼리라 생각합니다. 하지만 이 학교 출신이 아닌 사람을 멋대로 판단하는 일은 절대 없기를 바랍니다. 이것만이 이 학교의 위대함을 명백히 보여줄 수 있는 것입니다."

청중들은 우레와 같은 박수갈채로 그의 연설에 화답했다.

"그리고 마지막으로, 자기 자신을 지나치게 몰아가지 마십시오. 이 문제에 관한 한, 우리 교수들이 훨씬 더 비난 받아야 할 것입니다. 인생은 너무도 짧습니다. 최대한 즐기십시오. 대학 생활에서 가장 중요한 것은 바로 여러분이 사귄 친구들입니다. 그리고 평생토록 친구를 사귀는 데 게을리 하지 마십시오. 그렇습니다. 저는 많은 이야기들을 들어왔습니다. 때때로 저는 친구가 있었으면 좋겠다고 생각했습니다. 그것이 비록 낮은 평점을 의미한다고 하더라도 말입니다. 한밤중에 강의동 옥상에 올라가 보드카를 마시는 것도 좋을 것입니다."

체리안 교수는 기립 박수를 받았다. 박수 소리는 점점 더 커졌다. 그런데 사실 그것은 내 귀 아래, 어깨 위에서 들려왔다.

체리안 교수의 연설은 성과위주의 사회, 무한경쟁의 사회, 반지성주의 사회를 조장하는 기성세대에 대한 신랄한 비판이자 반성이면서, 우리 시대의 젊은이들이 무엇을 어떻게 살아야 하는지에 대한 참된 지성인의 육성이다. 그는 거듭 강조한다. 이 난관들을 헤쳐 나가기 위해서는 우정을 키워야 하며, 우정의 연대를 적극 모색해야 한다고. 그렇다. '우정'과 '우정의 연대'는 악무한으로 점철된 지상의 비루함을 지혜롭게 극복해나가는 데 소박하고 작지만, 결코 아무것도 아닌 쓸모없음이 아닌, 가장 쓸모 있는 아름다운 가치 중 하나이리라. IIT의 세 얼간이의 유쾌한 모험이 한국사회에서도 '우정의 연대'로 펼쳐지기를 기대한다.

서지정보

Five Point Someon ; What not to do at IIT, Chetan Bhagat.

『세 얼간이』, 체탄 바킷 작, 정승원 옮김, 북스퀘어, 2011.

고명철

현재 광운대학교 국어국문학과 교수로 재직 중이며 문학평론가로 활동하고 있다. 주요 저서로는 『문학, 전위적 저항의 정치성』, 『잠 못 이루는 리얼리스트』, 『뼈꽃이 피다』, 『칼날 위에 서다』 등 다수가 있으며, 젊은평론가상, 고석규비평문학상, 성균문학상을 수상했다.

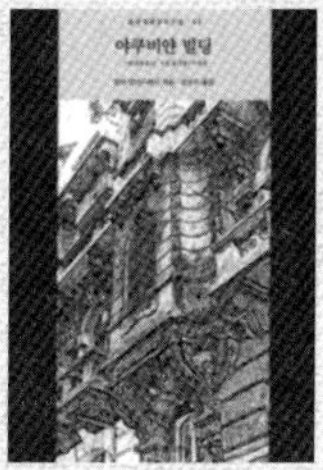

야쿠비얀 빌딩

타락한 사회가 낳은 비극적인 삶들

●

이 성 혁

『야쿠비얀 빌딩』

타락한 사회가 낳은 비극적인 삶들

● 이성혁

이집트 작가 알라 알아스와니의 『야쿠비얀 빌딩』을 읽고 먼저 든 생각은 문학의 보편성에 대해서였다. 한국 근대시를 전공한 필자는 이집트라는 나라에 대해서 잘 모르고 – 2011년 1월에 일어났던 이집트 혁명 덕분으로 그 소원감이 줄어들긴 했지만 – 이집트 문학에 대해서는 완전히 문외한이다. 그러니 이 책을 처음 펼치면서 앞으로 낯선 독서 체험을 하게 될 것이라고 짐작했다. 하지만 몇 페이지를 읽어나가면서 곧 소설 공간 속으로 빠져들 수 있었는데, 그것은 이 소설이 바로 우리네 삶의 이야기를 하고 있다는 공감과 친근감을 느끼게 해주었기 때문이었다. 우리에게 낯선 이슬람 문화나 이슬람 원리주의 등이 이 소설에 등장하고 있었지만, 소설 속에서의 그것들은 전혀 낯설지 않게 다가왔다. 이러한 친근성을 느낄 수 있었던 것은, 이 소설의 배경이 되고 있는 현 이집트 사회에도 지금의 한국사회처럼 현대성–긍정적인 의미이든 부정적인 의미이든–이 전통적인 문화를 관통하고 있기 때문이겠지만, 그보다도 이 소설이 이집트의 특수한 상황을 타락한 사회에서의 사람살이가 마주치게 되는 보편적인 문제로 끌어올려 심층적으로 조명하고 있기 때문이다.

알라 알아스와니는 이 소설에서 '야쿠비안 빌딩'에 거주하는 인간 군상들의 욕망과 그 좌절을 보여줌으로써 이집트 사회에서의 삶을 총체적으로 드러내려고 시도한다. 역자 해설에 소개되어 있는 작가의 말을 보면, 그는 자택 주위의 거리를 거닐다가 관찰하게 된 건물 해체 공사에서 이 소설의 착상을 얻었다고 한다. 그 공사는 집 건물을 칼로 치즈 덩어리 자르듯이 허무는 최신공법으로 행해지고 있었는데, 그렇게 외벽이 제거된 그 건물은 사람들이 살던 흔적을 간직하고 있는 방 안을 밖으로 드러내고 있었다고 한다. 이에 작가는 "그 방들이야말로 인간 삶의 순간순간들을 무수히 목격했을 것으로 생각"하여, "한 건물에 관한 역사를 상상으로 엮어 소설을 써 보겠다는 구상을 처음으로 떠올리게 되었다"는 것이다. "건물에 관한 역사를 상상으로 엮은" 소설이란, 그 건물 안에서 살아갔던 이들의 내밀한 삶-건물이 목격한-의 기록을 상상력을 통해 복원하는 글을 의미할 것이다. 그렇다면 작가는 민초들의 삶 바깥-사회 체제-을 통해 역사를 쓰는 것이 아니라 사람들의 삶 안쪽에서 역사를 쓰고자 했다고 말할 수 있다. 그는 야쿠비얀 빌딩에 거주하는 전형적인 인물들의 삶을 소설로 구성하여 이집트의 타락한 사회 속에서 힘들게 살아야 했던 민초들의 삶을 역사적으로 조명하고자 했던 것이다.

소설 서두에서 나레이터가 야쿠비얀 빌딩의 내력에 대해 설명하고 있는 것은, 이 소설에 등장하는 인물들의 삶이 이집트 역사와 긴밀하게 관련되어 있음을 암시하기 위해서일 테다. 야쿠비얀 빌딩은 카이로 도심에 지금도 실제로 존재하고 있다고 한다. 나레이터에 따르면, 1936년에 건축된 고전적 유럽풍의 이 빌딩은 당시로선 초호화 건물이었고, 그래서 건축 직후엔 이집트 사회의 명사들이 이 빌딩에 거주했다고 한다. 하지만 1952년 나세르가 일으킨 군사혁명 이후 이 건물에는 장교가 살기 시작했으며, 1970년대 이후엔 이 빌딩의 부자들은 아파트를 매각해버렸다고 한다. 한편, 그들이 건물을 떠나자, 예전에 창고로 썼던 옥상의 방들에 빈민들이 옹기종기 거주하기 시작했다고 한다. 이러한 내력을 가진 이 빌딩은 도심에 새겨진 이집트 사회의 역사적 변모-지배층의 변화와 도심에로의 빈민의 밀집-를 드러내고 있다고 하겠는데, 작가가 이 빌딩을 소설의 중심 배경으로 삼은 것은 이 때문일 것이다.

『야쿠비얀 빌딩』의 시간적 배경은 1991년에 일어난 제1차 걸프전쟁 전후이다. 이 시기는 군인 출신인 무바라크가 국가비상사태를 발령한 후 10년째 대통령 자리를 유지하면서 독재체제를 굳히고 있었고, 사회적으로는 빈부 격차와 부패가 더욱 극심해지고 있었다. 경직된 정치체제는 사회를 무기력하게 만들고 노화시키며, 불공정한 경제체제는 사람들의 삶을 왜곡시키고 파괴한다. '야쿠비얀 빌딩'은 이집트의 이러한 사회 경제 체제를 상징한다. 이 빌딩 자체가 노후한 빌딩인데다가, 이 빌딩의 거주자들이 주로 사회의 주류에서 쫓겨난 사람들이거나 성을 팔아야할 만큼 가난한 사람들이라는 면에서도 그렇다. 또한 사회의 최고 주류층 인사-국회의원-가 그의 정부와 밀회를 즐기기 위한 방도 있는 것을 보면, 그 빌딩은 지배층의 위선과 부패가 잠복해 있는 장소이기도 하다. 알라 알아스와니는 그러한 상징적 의미를 가진 빌딩에서 살고 있는 다양한 군상들의 이야기(history)들을 소설에 펼쳐놓음으로써, 이집트의 현 상황이 가지고 있는 역사적 정치적 문제들을 다각적으로 드러낸다.

이 소설은 네 묶음의 전형적인 인물군들이 소설을 이끌어나간다. 그 중에서 우선 환갑 나이의 핫즈 무함마드 앗잠을 둘러싼 인물군을 언급

해보자. 마약 밀매로 거부가 된 앗잠은 기회주의적이고 부패한 정치인 카말 알폴리의 도움으로 이슬람의 도덕을 내세우며 국회의원에 당선된다. 그런데 갑자기 성욕을 주체할 수 없게 된 그는 양육비가 없어서 고생하는 과부 수아드에게 돈을 지불하여 비밀리에 두 번째 결혼을 하고는, 야쿠비얀 빌딩의 한 방에 그녀와 살림을 차린다. 앗잠에게 몸을 주어야 하는 수아드는 그때마다 구역질을 느끼면서도, 앗잠이 아이의 양육비를 풍족하게 대주고 또한 자신을 사랑하고 있다고 생각해서 성심껏 그를 사랑하는 듯이 꾸며 성적 만족을 제공한다.

그런데 결혼의 계약 조건에는 수아드가 아이를 가지지 않는다는 조항이 있었다. 그녀가 아이를 낳게 되면 앗잠의 비밀 결혼이 들통 날 것이고, 그러면 그의 정치적 이력에 문제가 생길 것이기 때문이다. 그러나 아이를 갖게 된 수아드는, 자신이 앗잠의 아이를 낳을 권리가 있다고 생각한다. 정작 아이를 가지자 그녀는 자신의 육체가 앗잠의 것이 아니라 자신의 것이라는 깨달음을 얻게 되고, 아이를 낳는 일은 그녀 자신이 주체적으로 선택해야 한다고 생각하게 되었던 것이다. 하여, 수아드의 임신 사실을 안 앗잠은 그녀에게 낙태를 종용하지만 그녀는 완강하게 거절한다. 결국 수아드에게 사랑한다고 말해 왔던 앗잠은 자고 있는 그녀를 부하들을 보내 납치하여 강제로 낙태시킨다. 게다가 아들을 통해 위협을 가해서 그녀를 친정으로 내쫓아버린다. 수아드가 자신의 주체성을 찾으려는 순간, 앗잠으로 대표되는 이집트의 부패하고 위선적인 정치 사회는 그녀를 매정하게 파괴해버리는 것이다.

앗잠의 주변 인물들도 부패와 위선으로 찌들어 있는 이집트 고위층의 얼굴을 정면으로 드러낸다. 어용 성직자 알삼만은 이집트가 미군의 편에 서서 걸프전에 참전해야 한다고 주장하는 인물이다. 그는 앗잠의 부탁을 받고 수아드에게 낙태할 것을 설득하는데, 수아드가 낙태를 설득하는 그의 반 이슬람적인 위선을 조롱하고 비판하는 장면은 이집트의 일부 종교 지도자까지 타락해 있음을 선명하게 보여준다. 또한 앗잠이 국회의원이 되기 위해 카말에게 돈을 상납하는 과정은 이집트 상층부의 부패를 속속들이 드러낸다. 앗잠에게 권력을 준 이집트 최고위층은 앗잠이 벌어들이는 돈의 상당액을 자신들에게 헌납할 것을 강요한다. 그 돈은 '어르신' -대통령 무바라크를 지칭할 것이다-의 주머니 속으로 들어간다. 앗잠이 거금을 최상위 권력층에게 헌납할 수밖에 없는 것은, 그가 마약 밀매로 거부가 되었다는 숨겨진 과거를 그 권력층이 이미 파악하고 있었기 때문이다. 그 사실이 폭로된다면 앗잠은 국회의원직을 유지할 수 없을 것이며 더 나아가 투옥될 수도 있기에 돈을 헌납할 수밖에 없었던 것이다. 작가는 앗잠을 둘러싼 인물군의 이러한 이야기들을 통해 어용 성직자와 정치가의 위선과 부패를 폭로하고, 이집트 사회에 만연한 부패와 불공정이 최고 권력자와 직접적으로 연결되어 있다는 사실을 용감하게 드러낸다.

이집트 정치 체제의 부패 구조를 적나라하게 드러내는 '앗잠'의 이야기가 이집트 사회의 최고위층을 정면으로 비판하고 있다면, 두 번째로 언급하고 싶은 인물군인 동성애자 커플-하팀 라쉬드와 압두-의 이야기는 이집트의 또 다른 그늘을 보여준다. 하팀은 프랑스인 어머니를 둔 이집트인 명문가 자제다. 프랑스어 신문의 편집장인 그는, 이집트 사회에서 어느 정도 진보적인 사고를 가지고 있는 전형적인 지식인이다. 그러나 그는 부모의 사랑을 받지 못하고 자라던 어린 시절에 남자 흑인 하인과 첫 성경험을 갖게 되면서 동성애자가 된 사람이기도 하다. 그래서 그는 밤이 되면 동성 애인을 찾아다니는 이중적인 생활을 한다. 그러던 중 그는 가난한 흑인 군인인 압두를 만나게 되고, 그를 애인으로 두게 된다.

허나 압두는 하팀과의 동성애로 인해 이슬람교도로서의 죄책감에 시달리게 되면서 하팀을 떠나려고 한다. 하팀은 압두에게 재정적인 지원을 약속하면서 아이처럼 애원하며 압두를 붙잡는다. 그런데 압두의 아이가 고열로 사망하는 사건이 일어난다. 압두는 신으로부터 벌을 받았다고 생각하고 하팀을 정말로 떠나버린다. 실연으로 고통 받다가 압두를 겨우 찾아낸 하팀은 거액을 제시하면서 하룻밤만 지낼 것을 애원하고, 돈이 궁해진 압두는 딱 하룻밤만 그와 지내고 떠나고자 마음먹는다. 그러나 하룻밤을 지낸 압두가 막상 떠나려고 하자 하팀은 약속과 달리 그를 붙잡으면서 실랑이가 벌어진다. 이 와중에 하팀은 무식한 촌놈이라고 압두를 모욕하면서 돈도 주지 않을 것이라고 말하고, 이에 격분한 압두는 하팀을 구타한다. 이때 그만 벽에 머리를 부딪친 하팀은 결국 목숨을 잃고 만다.

하팀과 압두의 비극적인 이야기는 놀랍게도 이슬람권에서 강력한 금기일 것이라고 짐작되는 동성애 문제를 본격적으로 다루고 있다. 작가는 동성애 자체에 대해 도덕적인 판단을 내리고 있지는 않다. 하팀은 앗잠처럼 완전히 부정적인 인물로 형상화되지는 않는다. 하팀의 동성애는 부모에게 사랑받지 못하다가 흑인 남자 하인으로부터 사랑받았기 때문에 형성된 것이고, 흑인 군인을 사랑하게 된 것도 그 '첫 경험' 과 관련된 것이어서, 독자는 그에게 연민을 느끼게 될 것이다. 하지만 하팀이 시골출신 흑인 압두를 천하다고 비난하는 장면에서, 결국 '진보적' 인 척 하는 명문가 출신 지식인의 한계가 적나라하게 드러난다. 그는 결국 압두를 돈과 취업으로 꾈 수 있는 자신의 하인으로 여긴 것이었으며, 그의 욕망을 채워줄 수 있는 수단으로 보았던 것이다. 그의 마음 밑바닥에는 인종차별적인 선입관이 자리 잡고 있었다. 결코 그는 압두를 한 인격체로서 존중한 것이 아니었다. 그가 압두를 사랑하지 않았다고 할 수는 없지만, 그 사랑은 왜곡된 것이었다.

그러나 하팀의 비극은 그에게 비난을 가하는 것으로 해소되지 않는 어떤 슬픔을 불러일으킨다. 하팀 내면에 깔려 있는 선입관은 프랑스 출신 백인 어머니가 이집트인인 남편에 대해 내심 품고 있었던 인종차별적인 태도가 그에게 무의식적으로 전수된 것이다. 이는 한 개인의 삶에 식민주의 역사의 흔적이 끈질기게 남아 있음을 보여준다. 하팀의 죽음은 그 역사의 흔적이 사랑까지도 왜곡시키면서 현재에도 여전히 비극을 낳는다는 것을 암시한다. 그리고 동성애에 대한 압두의 죄책감과 이에서 비롯된 사랑의 파멸은 이집트 사회의 보수성이 성적 소수자의 삶을 어떻게 파괴되는지 섬세하게 드러낸다.

사실, 이 소설의 중심인물은 지금까지 소개한 앗잠과 수아드나 하팀과 압두라기보다는 65세 노인인 자키 베 알두수키와 이슬람 원리주의자가 되는 청년 타하 알샤들리, 그리고 이 두 사람과 관계를 맺고 있는 아름다운 처녀 부사이나 알사이드라고 할 수 있다. 타하와 부사이나는 서로 연정을 느끼고 있는 친구이고, 자키 베는 소설 후반에 부사이나와 결혼하는 바람둥이 노인이다. 결혼까지 생각했던 타하와 부사이나의 관계가 멀어지면서 소설은 타하를 중심으로 한 인물군의 이야기와 부사이나-자키 베 커플의 이야기로 나뉘어 전개된다.

야쿠비얀 빌딩의 문지기 아들이자 학교 동창인 부사이나를 사랑하는 타하는 공부 잘하는 수재다. 그는 경찰학교에 입학하여 자신의 비천한 삶을 바꾸고자 욕망한다. 그래서 그는 경찰학교 입학시험을 보지만, 필기에서는 좋은 성적을 거두었음에도 불구하고 면접에서 문지기의 아들이라는 이유로 떨어진다. 자신의 꿈이 좌절된 타하는 대통령에게 부당함을 항의하는 편지를 쓰기도 하지만 돌아온 답은 불합격이 적법하다는 것이었다. 일반 대학에 들어간 타하는 그 대학에 자신과 같이 가난한 친구들이 있다는 것을 알게 되고, 그들과 어울리면서 이슬람 원리주의 그룹에 들어가게 된다. 그 그룹의 지도자인 성직자 샤키르는, 미국의 이라크 침공을 지원하는 군대를 보내고 뼛속까지 부패한 현 정권을 이슬람의 원칙에 의거하여 강력하게 규탄하는 사람이었다. 이집트 사회의 불평등과 불공정성을 직접 체험한 타하는 샤키르의 주장에 깊이 감화되어 그를 따르게 된다.

결국 타하는 이슬람 원리주의 그룹이 일으킨 교내 시위에 깊이 가담하게 되고 결국 보안군 군인들에게 체포된다. 눈가림을 당한 채로 군인들로부터 치욕스러운 성적 고문을 당하고 출감한 타하는 복수를 다짐하여 이슬람 원리주의 단체의 비밀 무장캠프에 참가하게 된다. 그는 '작전'에 투입되기를 간절히 바라지만 투입되지는 않고 있다가 도리어 캠프 내 성직자의 중매로 어떤 과부와 결혼까지 하게 된다. 그 과부의 남편은 정부군에 의해 살해당한 투사였다. 그는 결혼한 그 과부를 사랑하게 되지만, 여전히 작전에 내보내달라고 끈질기게 요구하다가 결국 어떤 작전에 투입된다. 자신의 팀이 살해할 사람이 자신의 고문을 감독한 장교라는 것을 작전 현장에서 알게 된 타하는, 그만 흥분하여 안전수칙을 무시한 채 그를 살해하고 그 역시 상대편에 의해 저격되어 죽고 만다.

타하는 가난한 이집트 청년의 전형이라고 할 수 있다. 그의 비극은 경제적 신분적 차별이 깊숙하게 자리 잡은 이집트 사회에서 청년들이 겪어야 하는 고통과 분노를 잘 보여준다. 또한 타하의 삶의 궤적은 이슬람 원리주의가 이집트 청년들에게 왜 매력적인지, 그리고 이집트에서 어떻게 강력한 반정부 세력이 될 수 있었는지 구체적으로 알려준다. 타하의 이야기는 이집트의 종교나 역사적 상황에 대해 거의 문외한인 필자 같은 한국인도 이슬람 원리주의 운동이 현재 이집트에서 어떠한 정치적 의미를 가지는지 생생하게 이해시켜 준다. 그리고 부패한 체제를 코란에 의거해 비판하고 청소하려는 이슬람 급진주의 운동이 역설적이게도 폭력과 부정, 부패와 불평등을 낳는 독재체제 때문에 융성해진다는 사실 역시 보여준다.

타하가 사랑했던 부사이나의 이야기 역시 흥미롭다. 그리고 그녀의 이야기는 가장 뜻밖의 결말을 보여준다. 부사이나는 상업학교 출신임에도 불구하고 아버지를 일찍 여의는 바람에 여러 상점의 점원으로 전전해야 했다. 그녀가 한곳에 진득하게 있지 못했던 것은 상점 주인들이 그녀의 육감적인 몸을 탐했기 때문이다. 이를 거부한 그녀는 계속 해고되어야 했다. 결국 그녀는 친구의 충고를 받아들여 상점 주인의 성적 요구를 들어주면서 돈을 더 많이 버는 길을 택한다. 이러한 생활을 시작한 그녀는 타하의 '순진한' 사랑이 세상 물정 모르는 것으로 생각되고, 한편으로 그에게 미안함과 부담감을 느끼게 되면서 그를 멀리하게 된다. 이런 상황에 있던 부사이나는 프랑스에서 엔지니어 교육을 받고 왔지만 혁명 이후 주류층에서 배제된, 한물 간 귀족 출신 바람둥이 노인 자키 베의 개인 비서 자리에 취직하게 된다.

그녀의 취직은 자키 베의 영악한 하인인 아바스카룬의 동생, 말라크의 주선에 따라 이루어진 것이었다. 말라크는 자키 베가 아름다운 그녀의 몸을 탐할 것이라고 짐작하고, 그녀를 이용하여 문서를 위조해서 '야쿠비얀 빌딩'에 있는 자케 베의 아파트를 그의 사후에 탈취하고자 했던 것이다. 자키 베는 독신이었기에 재산을 물려줄 후손이 없었다. 말라크는 그녀에게 큰돈을 줄 테니 위조 서류에 그의 서명을 받아줄 것을 제안하고 그녀 역시 이에 응한다. 당시 자키 베는 자신이 유혹한 술집 여자에게 누나의 보석을 도둑맞고는, 격분한 누나에 의해 아파트에서 쫓겨나 사무실에서 주거해야 하는 딱한 처지에 놓여 있었다. 이런 와중에 부사이나가 그의 개인비서로 취직하게 된 것이고, 역시나 그는 부사이나의 아름다운 육체를 탐하게 된다. 그에게서 높은 급료를 받게 된 부사이나는 그의 성적 요구를 들어주지만, 그녀를 존중하는 자키 베의 태도 때문에 그녀는 그에게 점차 마음까지 열게 된다. 그래서 단 둘이 있을 때 자키 베가 만취해버려 위조 서류에 서명 받을 수 있는 기회가 왔지만, 그녀는 취해 쓰러진 그의 모습에서 깊은 연민을 느끼고 말라크의 제안을 거절하기로 마음먹는다.

그리하여 부사이나와 자키 베의 관계가 육체관계를 넘은 애정으로 발전하게 된다. 그런데 두 사람의 관계를 알게 된 자키 베의 누나는 그의 재산을 다 차지하려는 목적으로 침대에 같이 누워있던 두 사람을 풍기문란 죄로 신고하는 일이 벌어진다. 이에 두 사람이 함께 체포되지만, 그 과정에서 부사이나는 자키 베를 진정으로 사랑한다는 것을 느끼게 되고 자키 베도 그녀를 깊이 사랑하게 된다. 유치장에서 나온 두 사람은 결국 결혼하기로 결정하고, 소설의 대단원은 그들이 〈장밋빛 인생〉에 맞추어 춤을 추는 따스한 장면으로 맺어진다. 그런데 이 마지막 장면은 타하가 죽는 장면 다음에 배치되어 있다. 그래서 이 두 장면의 극히 대조적인 대비로 인해 독자는 깊은 정서적 울림을 받게 될 것이다. 작가가 수아드와 하팀, 그리고 타하의 비극을 연속적으로 숨 막히게 보여주다가 부사이나와 자키 베의 사랑이 맺어지는 장면으로 소설을 끝맺고 있는 것은, 이 폐색된 세상에서 그래도 아름다운 삶이 가능하다는 것을 보여주고 싶었기 때문일 것이다.

그런데 두 사람의 사랑은 그냥 이루어진 것이 아니다. 그 사랑은 부사이나가 궁핍했음에도 불구하고 거액을 만질 기회를 내던지는 결단에 의해 가능한 것이었다. 이 결단에 의해 부사이나는 돈의 노예가 아닌 한 사람의 주체로서, 즉 타인을 사랑할 수 있는 능력을 가진 사람으로서 살 수 있게 된다. 자키 베도 누나의 신고에 의해 그와 부사이나가 체포될 때, 생애 처음으로 타인을 위해 누나에게 대듦으로써 사랑할 수 있는 능력을 가지기 시작한다. 자키 베는 소설 초반에서 무기력하고 섹스만 밝히는 노인으로 풍자적으로 묘사되고 있었는데, 뜻밖에도 부사이나를 만나면서 지성과 품위와 삶의 힘을 되찾는다. 그것은 지긋지긋한 이집트에서 탈출하고자 욕망하는 부사이나의 가난한 삶을 이해하고 배려하기 시작하면서 가능했다. 이렇게 움튼 이들의 사랑은 상대방에 대한 이해와 사랑을 가질 수 있을 때 무기력을 낳고 있는 이 세상 속에서도 삶의 주체성을 회복할 수 있다는 것을 보여준다.

『야쿠비안 빌딩』에 등장하는 사람들은 부패와 불평등, 불의의 폭력이 횡행하는 사회 속에서 어떻게든 생존하면서도 좀 더 행복한 삶을 살기 위해 욕망하고 행동한다. 그들의 욕망과 행동은 타인과 특정한 관계를 만들어내고 그 관계는 어떤 플롯을 구성하게 추동하면서, 그들만의 '이야기-역사'가 형성된다. 그러나 민초들의 삶이 엮어내는 이 드라마는 현 이집트 사회에서 해피엔딩으로 끝날 수 없을 것임을 작가는 이 소설에서 보여주고 있다. 자키 베와 부사이나 커플만 제외하고는, 이 소설의 인물들은 비극적인 죽음과 맞닥뜨리게 되는 것이다. 수아드의 뱃속 아기는 강제 낙태 당하고 하팀은 동성애자 애인인 압두에게 살해당하며 이슬람 전사가 된 타하는 분노를 이기지 못해 결국 상대편에게 사살 당한다. 이러한 비극은 부패하고 폭력적이며 폐쇄된 이집트 사회체제가 사람들이 더 행복한 삶을 살고자 욕망하고 행동하는 것을 용납하지 않는다는 것을 폭로한다.

이 소설은 결국 죽음에 이르게 되는 이들의 비극을 보여줌으로써, 그러한 죽음을 낳고 있는 이집트 사회를 강력하게 비판하는 셈이다. 그래서 이 소설의 역자가 이 소설에 "2011년 아랍 시민 혁명의 예언서"라는 부제를 달고 싶다고 말하는 것일 게다.(알라 알아스와니는 이번 이집트 혁명에 열정적으로 참여했다고 한다.) 정말로 이 소설을 읽다보면, 이집트인들이 정부의 폭력적인 탄압 속에서도 왜 그렇게 용감하고 끈질기게 무바라크 독재 체제를 끝내고자 했는지 이해가 된다. 이 소설은 무바라크 체제에서 살아가는 사람들은 절망에 빠져 살 수밖에 없다는 것을 생생하게 보여주기 때문이다. 고통 받는 삶이 희망조차 가지기 힘들다면, 그 황폐한 삶보다는 차라리 죽음이 더 나을 것이다. 그렇기에 이집트인들은 삶의 희망을 갖기 위해서라도 저 부패하고 폭력적인 체제를 목숨 걸고 끝장내어야 했던 것이다. 그들은 그럼으로써 부사이나와 자키 베처럼 삶의 주체성을 회복하고자 했을 것이다.

독재체제 하 이집트인들의 이 비극적인 이야기에 한국인인 필자가 큰 공감을 느낄 수 있었던 이유는 무엇일까? 2011년까지 굳건했던 이집트의 독재체제와 한국 사회는 근본적으로 차이가 있지 않는가? 하지만 금력과 권력이 무소불위의 힘으로 민초들의 사람살이를 파괴하고 고통을 주고 있으며, 그래서 그들의 삶과 욕망이 왜곡되어 버리고 있다는 측면에서는 두 나라 사이에 차이가 없다. 아니, 선진국을 포함한 모든 사회는 이와 같은 문제들을 공통적으로 가지고 있을지 모른다. 신자유주의 경제 체제와 결착된 현재의 '제국' 주권 아래서 전 세계 거의 어느 곳에서나 빈자와 배제되는 자가 생산되고 있기 때문이다. 하여, 현재 전 세계인들이 겪는 고통은 어떤 공통적인 지반에서 생기고 있는 것이어서, 사람들이 겪고 있는 고통을 깊이 있게 조명하는 문학은 낯선 외국의 문학일지언정 세계 어느 나라 독자에게도 깊은 공감을 제공할 것이다.

알라 알아스와니는 이 소설을 통해 무바라크 독재 체제에서 고되게 살아야 하는 사람들의 삶을 그 내밀한 안쪽으로부터 드러내는 방식으로 이집트 사회의 폐부를 전면적으로 들추어냈다. 이 작업을 통해 그는 전 세계인들이 겪고 있는 고통의 공통성을 드러내면서 문학의 보편성을 확보했다. 그래서 이 소설은 아랍뿐만 아니라 서구에서도 큰 성공을 거두어 세계적인 베스트셀러가 될 수 있었고 아랍 및 유럽에서 수여하는 많은 문학상도 받을 수 있었다. 이 『야쿠비얀 빌딩』을 읽어본 한국인 역시, 이 소설이 바로 우리 자신의 이야기를 하고 있다는 것을 알 수 있을 것이다. 하지만 외국의 반응에 비교해볼 때 한국에서는 이 소설이 그다지 주목받지는 못했던 것 같다. 이는 한국에서의 세계 문학 소개가 여전히 서유럽과 동아시아 몇 나라에 편중되어 행해지고 있기 때문일 터, 진정한 의미의 세계문학의 동시성을 한국 문학계가 확보하기 위해서는 『야쿠비얀 빌딩』과 같은 비서구 현대문학의 활발한 번역과 각종 매체를 통한 적극적인 소개가 절실하게 요청된다고 하겠다.

서지정보

The Yacoubian Building, Ala al-Aswani.

『야쿠비얀 빌딩』, 알라 알아스와니 작, 김능우 옮김, 을유문화사, 2011년.

이성혁

한국외국어대학교 일본어과를 졸업하고 동 대학교 대학원 국어국문학과에서 박사학위를 받았다. 현재 문학평론가로 활동 중이며 서울과학기술대, 추계예술대, 한국외국어대에 출강하고 있다. 저서로는 『불꽃과 트임』, 『불화의 상상력과 기억의 시학』, 『서정시와 실재』 등이 있다.

약해지지 마

시바타 도요의 빛나는 아침

●

박 제 천

『약해지지 마』

시바타 도요의 빛나는 아침

● 박제천

고대 중국의 민요시 중에서 304편을 추려 시경을 엮어낸 공자는 “시경의 시 삼백 편을 한 마디로 표현하면 생각됨에 사악함이 없다는 것이다.(子曰 詩三百 一言以蔽之曰 思無邪, 『논어』「위정」)”라고 하였다. 그는 또한 같은 책에서 “즐겁되 지나치지 않고 슬프되 마음을 상하지 말아야 한다.(樂而不淫 哀而不傷, 「팔일」)”고 하였으며 그림을 그리되 흰 바탕이 먼저라는 “회사후소(繪事後素)”라는 명언도 남겼다. 다시 말해 시를 만드는 바탕은 순정한 마음이어야 한다고 역설한 것이다. 이 말들은 동시에 워즈워드의 ‘어린이가 어른의 아버지’란 말이 가리키듯 천진함이 사람의 본바탕임을 일깨우며, 동양예술사가 말해주듯 최상의 작품은 고졸한 경지에 다다라야 함을 확인시켜 준다.

최근에 2010년 간행된 시바타 도요의 첫 시집 『약해지지 마』를 읽었다. 시집 전편을 다 읽고, 시집에 실린 시인의 얼굴을 오래도록 들여다보았다. 1911년생이니 2012년 현재 102살이 되었다. 92세에 처음 시를 쓰기 시작한 할머니의 얼굴이 고왔다. 눈빛도 볼수록 맑아보여서 인상적이었다. 시에 대한 공자의 세 가지 정의에 딱 들어맞는 눈빛이었다.

그렇게 맑은 눈빛으로 삶의 구석구석을 돌아보며 하루하루 살아가는 마음으로 쓴 시였기에 일본열도의 150만 독자들을 감동시켰던 걸까. 시인의 자전적 술회에 시집 제목을 작명한 연유가 나와 있다.

도우미가 일주일에 여섯 번, 예순 넷(1945년생)인 외아들 겐이치가 일주일에 한 번씩 와주는 데 솔직히 말해서 도우미나 아들이 집으로 돌아갈 때면 외롭고 슬퍼집니다. 특히 겐이치가 돌아갈 시간이 다가오면 우울해지면서 말이 없어집니다. 하지만 나는 그때마다 이를 악물고 스스로를 다잡으며 나 자신을 설득합니다. "약해지지 마, 힘내, 힘내"라고.
-「나의 궤적」 부분

"약해지지 마"는 1992년에 남편과 사별한 시바타 도요의 늘그막 삶을 잡아주는 좌우명이자 스스로에게 들려주는 격려사인 셈이다. 시 쓰기는 90이 넘으면서 시작됐다. 이 무렵 허리가 아파서 중년 이래 오래도록 취미를 붙였던 일본무용을 중단해야 했다. 혼자 살면서 취미붙일 데가 없어 실의 낙담한 어머니에게 아들 겐이치가 시 쓰기를 권한 것이다. 이때부터 문예지에 여러 차례 입선하고 시동인지에 참여한 겐이치와 함께 시작에 열중하게 되었다. 일상생활에서 떠오르는 주제를 메모해 두었다가 일주일에 한 번 찾아오는 아들에게 보여주고, 낭독하면서 몇 번이고 다시 고쳐 완성시키는 식이었다. 그러다 산케이신문 독자투고란인 '아침의 시'에 응모, 선정되면서 본격적인 시 쓰기에 몰두하였고, 99세 되는 해, 자신의 장례비로 모아둔 100만 엔을 들여 자비로 처녀시집을 간행한 것이다. 뒤이어 다음 해인 2011년 9월에는 자신의 100세를 기념해 제 2시집 『100세』를 잇달아 간행하였고, 이 시집 역시 좋은 반응을 받고 있다 한다. 먼저 시바타 도요의 작품을 발탁한 신카와 가즈에의 서문부터 읽어보기로 하자.

이 책은 이제 곧 백 살이 되는 도치기현 시바타 도요 씨의 처녀 작품집입니다. 도요 씨의 작품을 손꼽아 기다리는 것은 산케이신문의 독자투고란 '아침의 시' 독자 여러분뿐만이 아닙니다.

사실 편찬자인 저도, 도요 씨의 시를 손꼽아 기다립니다. 많은 응모엽서 중에서 도요 씨의 시가 불쑥 얼굴을 내밀면 기분 좋은 바람을 맞은 것처럼 상쾌한 기분이 듭니다.

저도 도요 씨처럼 살아가자는 생각을 하며 누굴 만날 것도 아닌데 매일 아침 거울을 보고 엷게 립스틱을 바릅니다. 그렇습니다. 도요 씨처럼 살아가는 나를 만나기 위해서입니다. 지금도 여전히 싱그러운 감성을 가지고 계시다니 이 얼마나 멋진 일인가요? 이는 프로 시인의 세계에서도 극히 드문 일입니다. 이렇게 정리된 도요 씨의 시집을 항상 가까이에 두고 하루하루를 살아가는 마음의 양식으로 삼겠습니다.

고맙습니다. 우리 여성들의 멋진 선배님이자 남성들의 든든한 어머니, 시바타 도요.

–아침의 시 편찬자 신카와 가즈에, 「도요 씨처럼 살아가자」 전문, (『약해지지 마』 서문)

시집에는 「어머니 1」 등 42편의 시가 수록되었다. 아래 인용시처럼 짤막하면서도 2연이나 3, 4연 식으로 구성된 작품들이었다.

돌아가신 어머니처럼
아흔둘 나이가 되어도
어머니가 그리워

노인요양원으로
어머니를 찾아뵐 때마다
돌아오던 길의 괴롭던 마음

오래오래 딸을 배웅하던
어머니
구름이 몰려오던 하늘
바람에 흔들리던 코스모스
지금도 또렷한 기억
-「어머니 1」 전문

시집 표지의 저자 소개는 "1911년 6월 26일, 도치기시 출생, 유복한 쌀집의 외동딸이었지만, 10대 때 가세가 기울어 음식점 등에서 더부살이를 하기도 했다. 33세 때 주방장인 시바타 에이키치와 결혼해 이듬해 아들 겐이치를 낳았다. 남편 에이키치와는 1992년 사별했다. 이후 우쓰노미야 시내에서 홀로 생활하고 있다. 젊었을 때는 독서, 영화, 노래 감상, 중년에는 일본무용이었고, 현재는 시 쓰기이다. 꿈은 자신의 시집이 번역되어 전 세계 사람들에게 읽히는 것이다."고 간략하게 기술되어 있지만 시집 말미의 「나의 궤적-아침은 반드시 온다」에는 보다 불행한 고통과 아픈 과거사가 기록돼 있다.

한 세기를 살았습니다. 그동안 지진과 같은 여러 가지 무서운 체험도 했습니다. 괴롭힘이나 배신, 외로움 때문에 죽으려고 한 적도 있었습니다. "더 이상 너희들에게 짐이 되고 싶지 않다"라고 말씀하시고 스스로 노인요양원에 입소한 어머니와의 슬픈 이별이나, 녹내장으로 완전히 실명할

지도 모른다는 얘기를 듣고 수술을 했던 일 등 불안한 일도 있었습니다.
– 시바타 도요,「나의 궤적」부분

한국보다 먼저 일반화된 일본의 초고령 사회가 보여주는 자화상이다. 노모를 산에 버리던 고대 일본의 풍습이 이제는 노인요양원으로 바뀐 것이다. 소설로도 읽고, 영화로도 보았던 후카자와 시치로(深澤七郎)의 소설『나라야마 부시코(楢山節考)』의 한 장면이 떠오른다. 70이 되면 아들의 지게에 실려 나라야마 산으로 가던 노모. 말하지도 말고, 아무도 모르게 길을 나서고, 산에 버린 노모를 보고자 뒤돌아봐서도 안 된다는 죽음의 규칙이다. 더 이상 어머니에 관한 시행을 이어나가지 못한 채 "구름이 몰려오던 하늘/ 바람에 흔들리던 코스모스/ 지금도 또렷한 기억"으로 마무리되는 시바타 도요의 시는 책을 덮어도 그 비극의 잔상이 가슴에 오래 메아리쳤다.

바람이 유리문을 두드려
문을 열어 주었지
그랬더니
햇살까지 따라와
셋이서 수다를 떠네

할머니
혼자서 외롭지 않아?
바람과 햇살이 묻기에
사람은 어차피 다 혼자야
나는 대답했네

그만 고집부리고

편히 가자는 말에

다 같이 웃었던

오후

–「바람과 햇살과 나」 전문

바람과 햇살과 할머니, 이렇게 셋이서 수다를 떠는 모습이 그림처럼 떠오르는 장면이다. 문득 달밤에 시인과 달과 그림자가 한데 어울려 술을 마신다는 시선 이백의 명작 「월하독작」이 떠올랐다. 몸이 쇠하기까지는 무용을 취미로 살았다는 시바타 도요가 이백의 시를 읽었을 리 만무하다. 아마 그 시를 읽었다면 오히려 이런 단장의 시를 써내지 못했을 것이다. 이백의 시가 보여주는 화려한 테크닉을 알았다면, 일필휘지로 그려진 시인의 담백한 풍경화 속에 숨겨진 빛나는 상상력을 읽었다면 이런 시를 써낼 생각조차 못했을 것이다. 마치 연필에 침을 묻혀가며 흰 종이에 꼬불꼬불 생각나는 대로 써내는 아이처럼 맑디맑은 인생문답을 서술하는, 이렇게 순정한 시는 꾸며서 쓸 수 있는 작품이 아니다. 공자는 또한 시를 쓴 마음은 '시즉절(詩卽切)' 이어야 한다고 강조한다. 시란 쓰지 않으면 안될 만큼 절실한 감정에서 우러나온다는 것이다. '사람은 어차피 다 혼자야' 체념하듯 말하며 "다 같이 웃었던/ 오후"로 마무리하는 솜씨는 그야말로 애이불상의 참마음이 아닐 수 없다.

뚝뚝

수도꼭지에서 떨어지는 눈물

멈추질 않네

아무리 괴롭고

슬픈 일이 생겨도

언제까지

끙끙 앓고만 있으면

안 돼

힘차게

수도꼭지를 비틀어

단숨에 눈물을

쏟아버려

자, 새 찻잔에

커피를 마시자

–「나에게」 전문,

시바타 도요의 참마음은 갈등과 화해라는 시학의 내용구조를 자신의 삶에서 배운 대로 옮겨오기에 독자의 마음까지 순백으로 물들여준다. 이 때문에 기교를 버린 무기교의 시학이랄까, 영미시의 그레이트 포엠들이 보여주는 단순 소박한 무심이 오히려 삶의 고귀함을 강조하는 어떤 잠언보다도 깊은 울림을 준다고 할 수 있다.

아들이 초등학생 때

너희 엄마

참 예쁘시다

친구가 말했다고

기쁜 듯

얘기했던 적이 있어
그 후로 정성껏
아흔 일곱 지금도
화장을 하지
누군가에게
칭찬받고 싶어서
-「화장」 전문

아흔일곱 여자도 여자는 여자다. 그러나 남자에게 보여주려는 것이 아니다. 신카와 가즈에의 말처럼 이 작품을 읽다보면 화장이란 '살아가는 나를 만나'는 일이다. 칭찬은 고래도 춤추게 한다는 말이 있듯이 '칭찬'은 사람의 활력이다. 그것은 동시에 자신만의 일이 아니라 아들과 함께 활력을 공유하는 일이다. 기쁘되 그 기쁨에 매달리는 게 아니라 그 기쁨을 메아리처럼 널리 오래 사람들의 마음에 넘겨주는 일이다.

있잖아, 불행하다고
한숨짓지 마

햇살과 산들바람은
한쪽 편만 들지 않아

꿈은
평등하게 꿀 수 있는 거야

나도 괴로운 일

많았지만
살아있어 좋았어

너도 약해지지 마
–「약해지지 마」 전문

이 때문에 시바타 도요는 자연이나 사람의 꿈은 공평하고 평등하다 생각한다. "나도 괴로운 일/ 많았지만/ 살아있어 좋다"는 마음가짐이 "너도 약해지지 마" 용기를 북돋고, 나이와 상관없이 늘 젊은 마음을 유지하는 비결이라 생각한다.

이번 주는
간호사가 목욕을
도와 주었습니다
아들의 감기가 나아
둘이서 카레를
먹었습니다
며느리가 치과에
데리고 가
주었습니다
이 얼마나 행복한
날의 연속인가요

손거울 속의 나
환히 빛이 납니다

『약해지지 마』 시바타 도요의 빛나는 아침

–「행복」 전문

"혼자 산 지 20년, 저는 잘 살고 있다"는 시바타 도요의 시야말로 불교의 가르침처럼 모든 것이 일체유심조에 지나지 않는 것임을 다시 한 번 깨우치게 하는 청량제라 할 수 있다. 나아가 "손거울 속의 나/ 환히 빛" 나는 매일을 마주하게 만드는 넉넉한 마음이 곧 [빛나는 시]를 샘솟게 만드는 수원지임을 알려준다. 제대로 그림을 그리려면 마음의 백지가 순명하고 여백의 공간을 가져야 한다는 공자의 "회사후소"를 그대로 시에 적용한 본보기라 할 수 있다. 금년으로 102세가 된 시바타 도요 씨에게 앞으로도 '시를 쓰는 아침'이 계속되길 바란다.

서지정보
くじけないで, しばたとよ.
『약해지지 마』, 시바타 도요 작, 채숙향 옮김, 지식여행, 2010.

박제천
1965~6년 『현대문학』에 등단하여 시집 『장자시』 『달마나무』 등 12권을 출간하였고 저서로는 『시를 어떻게 쓸 것인가(공저)』 『시를 어떻게 고칠 것인가』 등이 있다. 한국시협상, 현대문학상, 펜문학상 등을 수상했으며 현재 문학아카데미 대표이다.

두근두근 내 인생

자서전적인 한 순간

●

허 병 식

『두근두근 내 인생』

자서전적인 한 순간

● 허병식

김애란의 첫 장편 『두근두근 내 인생』은 "가장 어린 부모와 가장 늙은 자식의 이야기다". 이제 겨우 열일곱 살이지만 조로증이라는 불치병에 걸려서 급속하게 신체가 늙어가는 증상을 겪고 있는 한아름과, 그를 열일곱에 낳은 동갑내기 부부가 작품의 주인공으로 등장한다. 열일곱에 한아름을 낳은 부모는 아직 청년기를 벗어나지 못한 나이이고, 그들의 아이인 한아름의 신체적 나이는 부모를 앞질러 급속도로 늙어가고 있다. 부모의 나이와 아이의 나이가 정상적인 삶의 속도에서 급격하게 벗어나 있는 이 서사의 기본적인 설정은, 그 근본에서부터 불우한 이웃을 다루는 TV 프로그램의 신파적인 요소를 내장하고 있을 수밖에 없다. 그러므로 작품이 지니고 있는 대중적인 취향이나 키치적인 감성을 지적하는 비판적인 평가들이 뒤따르는 것은 자연스럽다.

이러한 비판들을 감안한다고 하더라도, 『두근두근 내 인생』을 좋지 않은 소설이라고 말하기는 어렵다. 그것은 타인의 고통을 상연함으로써 그들의 삶에 대한 최소한의 관심과 동참을 유도하는 TV프로그램들이 윤리적으로 옳지 않다고 말하기 어려운 사정과도 비슷하다. 결코 저항할 수 없는 생명의 소멸 앞에 서 있는 한 개인의 시련과 운명을 유머를 동반한 세련된 문장과 극적인 구조로 엮어내고 있는 이 작품을 그것이 지닌 대중적인 취향과 감성만으로 폄하하는 것은 일면적일 수 있다. 그러니 이 작품이 2011년에 출간된 한국소설 중에서 가장 많은 대중의 호응을 이끌어낸 것과 책을 출간한 출판사를 중심으로 한 일부 평론가들의 열광적인 지지를 불러왔다는 점은 충분히 납득할 만한 일일 것이다. 우리는 작품에 대한 대중의 호응과 비평의 찬반양론을 충분히 감안하면서, 이 작품이 안고 있는 메타픽션적인 구조가 그 이야기의 생산자이자 조로증에 시달리고 있는 주인공인 한아름의 고통에 어떤 방식으로 독자를 개입시키는가를 살펴볼 필요가 있을 것이다.

『두근두근 내 인생』이 그 신파적인 서사의 내부에 의미 있게 새겨 넣은 것은 메타픽션으로서의 '이야기 만들기' 라는 장치이다. 이미 여러 번의 병원 치료 끝에 "나을 수 있다는 희망을 접고 병원에 다닌 지는 오래되었다."고 말하는 아름은, 병원에서 자신의 상태가 급속하게 나빠졌다는 말을 듣고는 집으로 돌아와 노트북을 꺼낸다. 그가 하는 작업은 자신이 쓰고 있는 이야기를 이어가는 것이다. 그는 이미 "몇 달간 하루 한 장씩, 또 어느 때는 한두 줄씩 쉬엄쉬엄 글을 써왔다."고 고백한 바 있다. 열일곱 살의 생일선물로 노트북을 받은 것도 그 원고를 완성하기 위한 것이었다. 그 이야기는 "바람이 불면, 내 속 낱말카드가 조그맣게 회오리친다."라고 시작한다. 독자들은 이미 이 문장을 읽은 기억이 있다. 그것은 이 소설 1장의 제일 첫 문장이다. 1장에서 어머니와 아버지의 만남의 장면을 들려준 아름은, 그 이야기를 자신의 소설로 다시 쓰고 있는 것이다. 그러니 아름은 '이야기의 편' 일 수밖에 없다.

두 사람의 이야기는 아귀가 잘 안 맞았다. 기억하는 것도 조금씩 어긋났

고, 해석하는 것도 달랐다. 어머니는 한대수가 자길 쫓아다녔다고 하고, 아버지는 최미라가 먼저 꼬리를 쳤다고 했다. 어머니가 아버지 앞에서 처음 노래를 부른 순간도, 두 사람이 입을 맞춘 순간도 두 사람 다 자신에게 유리한 쪽으로 기억하고 있었다. 내 입장으로 말할 것 같으면 사실 어머니의 편도 아버지의 편도 아니었다. 나는 이야기의 편이었다.

이야기의 화자인 아름에게 중요한 것은 아버지 한대수와 어머니 최미라의 기억에 의지하는 것이 아니라, 자기 자신의 진정한 기원을 창출해내는 것이다. 아름의 글쓰기가 부모에게 바치는, 그들의 기억을 온전히 회복하기 위한 서사가 아니라, 일종의 자서전의 기획으로서 자신의 삶을 생산하고 확장하기 위한 행위로 보아야 하는 것은 이 때문이다. 그러므로 우연히 부모님의 말을 엿듣고 어머니가 자신을 지우려고 했다는 사실을 알게 된 아름이, "몇 달간 내게 설렘과 긍지, 그리고 기쁨을 준 원고"를 휴지통에 버리는 행위를 보여주는 것은, 그 원고가 자신을 낳아준 부모를 위한 일종의 선물이었음을 보여주는 장치로 기능한다. 이 대목에서 유념해야 할 것은, 역설적으로 부모를 위한 글쓰기가 끝이 난 자리에서 진정한 자아의 서사를 알리는 글쓰기가 시작될 것이라는 점이다. 사실 자신이 지워질 수 있었다는 사실의 발견이 이야기를 지우는 행위로 이어지는 이 대목처럼 이야기의 운명과 자신의 운명이 동서(同棲)하고 있다는 것을 잘 보여주기는 어려울 것이다. 그러나 "엄마, 나는…… 엄마가 나한테서 도망치려 했다는 걸 알아서, 그 사랑이 진짜인 걸 알아요."라고 말하는 아름은 필연적으로 지워버린 원고를 다시 시작할 수밖에 없을 것이고, 그 시작(始作)은 이미 조로해 버린 자신의 삶의 기원을 다시 만들어가는 것이라는 점에서, 자기 자신을 언어화하는 자서전의 저자가 탄생하는 순간을 예고하고 있다.

'이야기의 편'을 자처하는 한아름의 서사에서 또 하나의 중요한 대목은 그가 병원에서 편지를 주고받게 된 이서하라는 인물과 관련되어 있다. 그가 출연한 〈이웃에게 희망을〉이란 TV프로그램을 보고 메일을 보내온 이서하는 아름과 같은 열일곱 살의 여자아이이고, 오래도록 병을 앓고 있다는 점에서 아름과 공감할 바가 많은 존재이다. 아름은 자신이 이서하에게 관심을 가졌다가 상처받게 될 것이 두려워서 그녀와 가까워지는 것을 의도적으로 지연시키지만, 결국 두 사람은 서로 메일을 주고받게 되고, 병원에서의 지루한 투병 생활 중 유일한 기쁨의 순간이 서로의 메일을 확인하는 순간이 될 정도로 서로에게 깊이 빠져들게 된다. 작품은 이 두 청소년의 기묘한 연애의 진행에 서사의 많은 부분을 할애하고 있다. 그러나 두 청소년의 안타깝기에 더욱 애틋한 사랑의 서사를 따라가던 독자들은 이내 이서하라는 인물이 한아름의 희귀병에 관심을 지닌 한 시나리오 작가의 사칭에 의한 창조물이었음을 알게 된다. 이 어처구니없는 사칭에 대한 한아름의 반응은 다소 당황스러운데, 이 반응을 이해하기 위해 눈 여겨봐야 할 대목은 이미 자신이 쓰던 이야기를 지워버린 아름이 그 이야기를 다시 시작하게 되는 계기로 작동한 것이 이서하의 존재였다는 점이다. 이미 이야기쓰기가 새로 시작되었기에, 이서하가 "실은 열일곱 살 소녀가 아닌 남자였다는 것을, 그것도 서른여섯 살이나 된 아저씨였다는 것을" 알게 된 점은 아름에게 어떤 영향도 주지 못한다. 그리하여 그는 자신의 병실을 몰래 방문한 그 존재에게 다음과 같이 말할 수 있었던 것이다.

"그래도 한번쯤은 네게 이 얘기를 전하고 싶었어. 우린 한 번도 만난 적이 없지? 직접 목소리를 들은 적도 없고, 얼굴을 마주한 적도 없고. 어쩌면 앞으로도 영영 만날 수 없을 테지? 하지만 너와 나는 편지 속에서, 네

가 하는 말과 내가 했던 얘기 속에서, 나는 너를 봤어."

"……"

"그리고 내가 너를 볼 수 있게, 그 자리에 있어주었던 것, 고마워."

한아름은 자신의 병실에 찾아온 그 존재가 이서하가 아니라 그녀를 사칭한 아저씨라는 점을 누구보다도 잘 알고 있다. 그럼에도 그는 그 사칭자를 향해서, 자신의 내면을 드러내며 이서하에 대한 고마움을 진정으로 전달하고 있다. 실재하지 않는 존재를 향한, 이 기묘하게 전도된 고백은 다시 한 번 이 작품과 한아름이 지향하고 있는 바가 어떠한 지점인가를 잘 알게 만들어 준다. 다시 한 번 확인하자면, 그는 무엇보다 이야기의 편인 것이다.

권희철은 『창작과 비평』(2012년 봄호)에서 "한아름이 쓰는 이야기(혹은 소설)에서 우리가 눈여겨 볼 것은 그것과 한아름의 삶이 서로를 비추며 '감정의 윤리'를 연습해나간다는 점이고, 그 가운데 슬픔과 기쁨의 역설적 꼬임으로 이루어진 감정의 핏줄들이 『두근두근 내 인생』을 촘촘하게 채워나간다는 점이다."라고 지적하며 이 작품이 하나의 '감정교육'임을 지적하고 있다. 이런 맥락에서 그는 이서하를 사칭한 시나리오 작가에 대한 태도에 대해서 "스스로에게 부여한 감정교육이 한아름에게 증오를 모르게 했고, 증오를 모르는 한아름은 언제나 타인과의 관계의 가능성을 열어두고 또 그러한 열림을 열망할 수 있는 능력을 얻게 됐다는 것"이라고 설명한다. 그러나 이러한 설명은 작품의 대중적 취향에 대한 비판을 지나치게 의식한 끝에 도달한 궁색한 변호라고 이해하지 않는다면 온전히 받아들이기 어렵다. 무엇보다도 한아름이 작품의 서사를 통해 획득한 것이 감정교육이나 윤리적인 교감의 능력이 아니라 자기 자신의 진정한 기원을 창출해내는 자서전의 기획이라는 점을 기억할 필요가 있을 것이다.

『두근두근 내 인생』을 한아름의 자서전 쓰기라는 맥락에서 읽을 때, 눈여겨 보아야 할 것은 그 자서전이 다른 여타의 일반적인 자전서사와 달리, 자신의 출생의 순간에서 멈출 수밖에 없는 구조로 기획되어 있다는 점이다. 소설의 마지막에 별책부록처럼 달려 있는 한아름의 「두근두근 그 여름」이 부모의 첫 만남과 첫 관계에 대한 내용으로 이루어져 있는 점에서도 그것을 확인할 수 있지만, 실제로 한아름이 새로 쓰는 이야기라고 할 수 있는 『두근두근 내 인생』의 전체 서사의 첫 장면에서 말과 걸음마를 배우는 화자의 이야기가 등장하다가 이내 그것이 아버지와 어머니의 청춘담으로 옮겨가고 마는 것을 보아도 그 점을 이해할 수 있다. 한아름이 진정으로 쓰고자 했던 것은 자신의 이야기가 아니라, 조로증에 걸리지 않은 새로운 생명을 탄생시킨 부모의 이야기이고, 그리하여 자신의 삶을 존재하지 않는 방식으로 존재하지 않는 시간 속에 새롭게 탄생시키는 것을 진정한 목표로 삼고 있었던 것이다.

부재하는 기원에 대한 한아름의 염원은 '두근거림의 순간'을 자서전의 순간으로 대체하는 것으로 드러난다. 한아름의 내면 속에 존재하는 자기 삶의 가장 충일했던 순간은 아버지와 함께 했던 수직적인 점프의 기억이다.

아, 나는 지금도 그 느낌을 잊을 수 없다. 퉁—하고 내가 튀어 오르면 퉁—하고 아버지가 뛰어오르고, 다시 퉁—하고 아버지가 날아오르면, 퉁—하고 내가 따라 오르던 봄날의 호흡. 만일 인생의 가장 환한 장면이란 게 따로 있다면, 바로 그런 순간이지 않을까? 시원하고 개운한 바람. 펄떡이는 심장. 발밑의 탄력. 넘어지며 웃고, 웃으면서 자빠지던 우리의 활력.

이 대목은 『두근두근 내 인생』에서 한아름의 내면을 진정으로 두근거리게 만들고 있는 유일한 장면이라고 해야 할 것이다. 이서하와의 메일 주고받기도 그러한 두근거림을 안겨다 주었지만, 그것이 환영에 대한 열망이었음이 이내 밝혀지고 말았다. 이러한 생에 대한 고양감을 안겨주는 도약의 순간들은 오래 전부터 김애란 소설이 내장하고 있던 우주적 상상력의 산물이기도 했던 터이다. 그러나 『두근두근 내 인생』은 이 실재 속에서 이루어지는 생명의 도약을 한아름의 것으로 허락하지 않는다. 그는 자신이 만들어낸 픽션의 기획 속으로 내려가서 그 곳에서 한대수와 최미라의 청춘의 약동을 상상하고 상연해 낸다. 그러나 한아름이 만들어낸 「두근두근 그 여름」에서 약동하는 주체가 한대수와 최미라 개인들이라고 보기는 어렵다. 그 시간의 진정한 주인공은 그야말로 청춘이라는 이름을 지닌 어떤 존재, 한 시기라고 보아야 할 것이다. '진정한 자기' 의 신화가 만들어지고, 자아의 서사적 형성이 기획되는 이 장소는 서술자의 '고백의 내재적 책략' 이 이루어지는 장소이기도 하다. 고백이 말하는 주체와 언표의 주어가 합치하는 담론의 전략이기에, 「두근두근 그 여름」이 선사가 아니라 고백이라고 이해하는 것은 그 이야기의 청춘의 주인공이 한아름 자신이라는 것을 의미한다. 이 고백의 내재적 책략은 우리가 자기 자신에 관해 말할 수 있거나 말해야 하는 진실의 담론을 통해 존재의 정당성을 인정받도록 만든다. 그것은 미셜 푸코가 『성의 역사1 -앎의 의지』에서 이야기 했듯이 피지배자-주체로서 인간이 형성되는 것과 관련이 있다. 그러므로 문제는 그가 창출해낸 '자기' 의 기원에 은폐되어 있는 무의식을 이해하는 것이다. 한아름이 창출해 낸 진정한 자기 속에는, 자신이 경험한 생명의 도약의 한 순간을 기억하거나, 이서하라는 가공의 존재를 창출해 낸 세상을 향해 분노하는 자리가 마련되어 있지 않다. 그는 그것들을 상상의 산물로 처리하고, 그 상상의 영역 속에 자신의 자아를 구축하려 한다. 고백이라는 언표행위 속에서, 그는 해방되고 정화되며 구원을 약속받고 약동하는 청춘의 시간을 획득한다. 이러한 책략 속에 동원되고 있는 삶 정치와 섹스의 활용은 짐작 이상으로 많은 문제를 지니고 있다. 푸코의 말처럼, 그것은 성에 대해 진실을 말하라고 윽박지르고, 성을 향해 우리에게 우리 본질을 말하라고 또는 우리가 직접적 의식으로 간직하고 있다고 믿는 우리들 자신에 관한 그 진실 깊숙이 묻혀 있는 참모습을 말하라고 요구한다. 그 섹스와 청춘을 향한 강박적인 예찬의 책략 속에서 사라지는 것은 순수하고 약동하는 청춘과 섹스라는 관념 그 자체이다.

이 작품에 대한 옹호의 최대치는 한아름이 자신에 대한 연민의 시선을 이겨내고 스스로 부모와 세상에 대한 연민을 드러내는 그 전환의 순간을 지적하고 그것을 감동의 조건으로 이해하는 것일 터이다. 한아름의 이야기 만들기를 부모를 위한 일종의 선물로 이해하는 방식이 일면적임은 이미 밝힌 바 있다. 그러나 그런 맥락을 최대한 존중한다면, 이 작품의 독자들 또한 연민의 대상인 한아름에 대한 동정으로부터 세상을 향한 속 깊은 이해와 연민으로 감정을 넓혀갈 수 있을 것이다. 그러나 그것이 문학이 진정으로 지향해야 할 자리일 수 있을까. 그러한 일이라면 시청각적인 각종 미디어들이 더 잘 수행할 수 있는 것이 아닐까. 이 글의 서두에서 우리는 타인의 고통을 상연함으로써 그들의 삶에 대한 연민을 요청하는 프로그램이 윤리적으로 옳지 않다고 보기는 어렵다고 말했다. 그러나 또한 분명히 말해야 할 것이다. 타인의 고통이 우리 눈앞에서 상연되는 시대에 문학이 감당해야 하는 사명은 고통 받는 타인의 앞에서 그들에게 한없는 연민을 보내는 것에 불과한 것이 아니라는 것을. 비통한 자들을 위해 문학이 감당해야 할 윤리라는 과제

앞에 김애란 소설이 서 있는 자리는 몹시 불안하고 불우하다.

서지정보
『두근두근 내 인생』, 김애란 작, 창비, 2011.

허병식
동국대학교 국문과 대학원을 졸업하고 2006년 조선일보 신춘문예 문학평론 부문에 〈진정성의 서사와 주체의 기원〉이 당선되어 평론활동을 시작하였다. 평론으로 〈문학의 공동체〉, 〈기원의 신화, 종언의 윤리학〉 등이 있고 논문으로 〈식민지의 접경, 식민주의의 공백〉, 〈한국문학사 서술의 정치적 무의식〉 등이 있다. 현재 동국대학교 문화학술원 연구교수로 재직 중이다.